alandar a

João

Paloma González Rubio

EDELVIVES

Dirección editorial:
Departamento de Literatura GE

Dirección de arte:
Departamento de Diseño GE

Imágenes de cubierta:
iStock

1.ª edición, 4.ª impresión: octubre 2024

© Del texto: Paloma González Rubio
© De esta edición: Grupo Editorial Luis Vives, 2019

Impresión:
Edelvives Talleres Gráficos. Certificado ISO 9001
Impreso en Zaragoza, España

ISBN: 978-84-140-2357-0
Depósito legal: Z 718-2019

Todos los derechos reservados. Cualquier forma de reproducción, distribución, comunicación pública o transformación de esta obra solo puede ser realizada con la autorización de sus titulares, salvo excepción prevista por la ley. Diríjase a CEDRO (Centro Español de Derechos Reprográficos) si necesita fotocopiar o escanear algún fragmento de esta obra (www.conlicencia.com; 91 702 19 70 / 93 272 04 47).

El 0,7% de la venta de este libro se destina a proyectos de desarrollo de la ONGD SED (www.sed-ongd.org).

FICHA PARA BIBLIOTECAS

GONZÁLEZ RUBIO, Paloma (1962–)
João / Paloma González Rubio. – 1.ª ed., 4.ª reimp. – [Zaragoza] : Edelvives, 2024
   188 p. ; 22 cm. – (Alandar ; 169)
   «XIX Premio Alandar»-cub.
   ISBN 978-84-140-2357-0
   1. Mar. 2. Amistad. 3. Amor. 4. Identidad. 5. Educación alternativa.
I. Título. II. Serie.
   087.5:821.134.2-31"19"

Novela ganadora del
XIX Premio Alandar de Narrativa Juvenil

El jurado se reunió el 25 de enero de 2019.
Estaba compuesto por Andrea Villarrubia (profesora),
Pablo Barrena (crítico literario), Luisa Mora (bibliotecaria),
Manuel J. Rodríguez (escritor) y Violante Krahe (editora).

A Carmelo, con quien he descubierto el mar.
A Víctor, con quien comparto mis historias.
A mi padre, que me enseñó a no tener miedo.

JOÃO

Se llamaba João, pero yo le llamaba Chinchorro, y con Chinchorro se quedó para siempre en mi memoria y en la de todos cuantos le conocimos: João, el Chinchorro.

Fue él quien me explicó el significado de la palabra.

Por aquella época, a mí todos me llamaban Chinche, aunque mi nombre tanto entonces, a mis trece años, como ahora, que han pasado más de doce, es Miguel.

João no sabía qué era una chinche, pero al oírme llamar así por primera vez sonrió no con malicia, sino con un brillo en la mirada que le iluminó la cara. Para mí era incomprensible que un mote tan humillante despertara en él esa extraña alegría, y le dije que maldita la gracia que tenía y él, perplejo, me respondió casi cantando las palabras «chinche» y «chinchorro». Yo entonces no entendí nada, como me sucedió muchas veces a lo largo de aquellos días con él.

João no hablaba como yo. Hablaba una mezcla de todas las lenguas con acento portugués, y su voz y la cadencia con la que pronunciaba hacían que las palabras sonasen como la música de una marimba. No era la lengua lo que nos separaba, lo que nos hacía diferentes era el lenguaje: él hablaba el lenguaje del mar, un lenguaje muy distinto del que usamos quienes vivimos en tierra firme. Si el lenguaje de la tierra y el mar son distintos es porque las realidades también lo son y cada cosa, tanto en el mar como en tierra, debe tener un nombre preciso, que no dé lugar a malentendidos. En el mar una imprecisión puede ser fatal, costarte la vida.

Un chinchorro, me explicó João, es una embarcación auxiliar que es necesario llevar en un barco grande. Desde esa embarcación suelen hacerse trabajos menores en el exterior, también sirve para desembarcar cuando el calado del barco no permite acercarse a tierra, pero, sobre todo, un chinchorro también puede servir para salvarse cuando tu barco se va a pique. Eso fue lo que João me dijo, y fue entonces, recuerdo, cuando yo le expliqué que un chinchorro y una chinche no tienen nada que ver y que si a mí me llamaban Chinche es porque una chinche es un insecto muy molesto, que coloniza las camas, los tejidos, que muerde la piel y deja unas marcas que pican muchísimo. A mí no me llamaban Chinche porque pudiera salvar a nadie, sino por todo lo contrario. João sonrió y negó con la cabeza. Hacía que no entendía lo que no quería entender.

Aunque João hablaba con acento portugués, no podía decirse que fuera portugués. Ya he dicho que al hablar mezclaba muchos idiomas, palabras de distinta procedencia: portugués, español, italiano, inglés, francés y hasta griego. Elegía la palabra por su sonido, por su resonancia y era así como se hacía entender, por la música de las palabras. Su acento portugués se debía a que su madre nació en Portugal y en algún momento de su azarosa vida emigró a Brasil. En realidad, ni João ni su madre eran de parte alguna. Eran del mar y el mar no es una patria, es una condición.

A medida que nos conocimos más me fui enterando de su vida, que él me confesó una vez que le parecía vacía porque apenas le sucedía nada, al menos no tantas cosas como nos suceden a los chicos de nuestra edad. Yo, en cambio, le envidiaba, y él, por unos días, conmigo, en mi casa, compartiendo mi habitación, soñó con una vida parecida a la mía mientras yo soñaba con la suya.

João no tenía ningún recuerdo de su padre, como yo. Creo que eso nos unió.

Nació en el barco en el que residía cuando le conocí. Su padre, según le contó Belém, su madre, había sido un cantante de éxito que un día decidió comprar un velero, al que llamó Meltemi, como el viento que viene del noreste y sopla en las islas griegas anunciando el otoño, y que, como todos los vientos del norte, es un viento desapacible, rápido y ágil. El padre de João, al que llamaban Chano, se hizo a la mar, aburrido de su vida en tierra y del trato con la gente, en compañía de un patrón al que João tenía en gran aprecio, cuyo nombre era Patxi, y al que consideraba parte de su familia.

Chano y Patxi estuvieron recorriendo el mundo a bordo del Meltemi durante un par de años, los dos solos, y, cuando llegaron a un puerto en Brasil, Chano conoció a la madre de João, a la que cambió su nombre por el de Belém, porque así se llamaba la ciudad donde la conoció. Se enamoraron perdidamente y a los cuatro días ella embarcó con los dos hombres en el Meltemi rumbo al canal de Panamá para cruzar del Atlántico al Pacífico. Belém alteró con su llegada los planes originales de dar la vuelta a América del Sur por el cabo de Hornos. Patxi se negó a patronear el Meltemi con Chano y Belém a bordo; adujo que el cabo de Hornos es el lugar más mortífero de los mares del planeta, la tumba de miles de barcos que se han aventurado por sus aguas, y que es preciso cruzarlo con el corazón frío, no como un volcán en erupción, que era como lo tenían sus compañeros de travesía, así que fueron dejando atrás, en lugar de paisajes inhóspitos, compuertas que se abrían y cerraban en el canal de Panamá para cambiar de océano. Una vez llegaron al Pacífico pusieron rumbo al canal de Suez para adentrarse en el Mediterráneo. Chano quería mostrar a Belém las islas griegas y como desandar lo navegado era imposible porque había llegado la época de los ciclones tropicales que se forman en el Atlántico, pusieron rumbo al oeste. Chano buscaba siempre los vientos del norte para navegar de ceñida y conocía todos sus nombres, que son cientos y cientos, porque el viento varía de nombre, aunque parezca ser el mismo, cuando pisa tierras distintas.

Para cuando se aproximaban a las costas de la India, después de multitud de cambios de rumbo, João era un fruto maduro en el vientre de Belém, un fruto que había adquirido las proporciones de una enorme sandía, y fondearon en la costa para esperar su nacimiento. Belém desembarcó para acudir al hospital con tiempo, pero cuando Chano y ella vieron con sus propios ojos las miserables condiciones del centro, Belém volvió al Meltemi a toda prisa, con las manos bajo la sandía de su vientre, como si temiera que se le fuese a caer y saliera rodando. Patxi contaba que lo primero que él hizo cuando Belém se puso de parto en el Meltemi fue preparar el chinchorro, que ató a estribor de la embarcación, por si surgía cualquier complicación y había que llevarla a tierra para salvarle la vida, a ella o a João. Pero João nació con ayuda de Chano y Patxi en uno de los camarotes del Meltemi y desembarcó muy raras veces a lo largo de su vida.

Tras permanecer unos cuantos días fondeados frente a la costa de la India para que madre e hijo recuperaran fuerzas, pusieron rumbo a las islas griegas.

Todo esto me lo contó João varios días después de conocernos.

João y yo nos conocimos en el mar y no exagero si afirmo que João me salvó la vida.

El mismo día de nuestro primer encuentro fue cuando me dijo lo que era un chinchorro y por eso empecé a llamarle así. Además, me gustaba estar como emparentado con él por el sonido de nuestros nombres. Chinche y Chinchorro. A partir de ese momento, mi nombre no me pareció tan humillante. Belém se rio suavemente al oírlo, como solo ella sabía reírse, que parecía que cantaba.

DERROTA

Meses antes de que Chinchorro y Belém se cruzaran en nuestras vidas, mi madre estaba seriamente preocupada por nuestro futuro, el mío y el de mi hermana, Inés. Inés tenía entonces dieciséis años y ya era evidente que no iba a destacar en el campo de la astrofísica ni de las humanidades, ni desde luego en ninguno que tuviera que ver con el estudio… al igual que yo. Llevábamos el instituto a trompicones. Cada vez que llegábamos a casa con los boletines de notas, mi madre, tras un momento de impotencia y enfado, pasaba a culparse porque tenía que trabajar todo el día y no podía estar pendiente de nosotros. Mi padre se marchó un buen día de casa y nunca supimos nada más de él. Aunque mi madre durante mucho tiempo no dejaba de repetir que así estábamos bien, como si intentara convencerse y convencernos de lo idílico de nuestra situación, de repente empezó a quejarse amargamente de nuestra falta de disciplina y lo achacaba a la ausencia de la figura de un padre. Decía que estábamos desorientados, que ella no podía hacer más porque siempre estaba ausente. Mi madre era cocinera en el bar churrería Los Alisos, en el que daban, y aún siguen dando, desayunos, comidas, cenas, desde primera hora de la mañana hasta bien avanzada la noche. Trabajaba todo el día, y solo libraba un día y medio. Cuando llegaba su jornada de descanso estaba derrengada. No tenía fuerzas para nada. Siempre libraba la tarde del domingo y el lunes, así que Inés y yo campábamos a nuestras anchas seis días a la semana. Cuando llegábamos del instituto nos tirábamos en el sofá a ver la televisión en lugar de hacer las tareas de clase, o mi hermana salía con sus amigas y amigos. Y cuando empezó a salir con Carlos, en primavera, yo dejé de verle el pelo.

Mi madre pensaba que todos nuestros problemas se arreglarían si tuviéramos en casa un hombre, un padre, aunque fuera postizo. Y empezó a aceptar, en contra de su costumbre, las invitaciones a salir que algunos clientes del bar le hacían. Mi madre era muy graciosa con su rostro lleno de pecas y la nariz muy pequeña, que fruncía al sonreír. Tenía dos hoyuelos muy simpáticos en las mejillas y era muy amable, hasta que el cansancio la vencía, pero ni siquiera entonces se ponía de mal humor, simplemente se le emborronaba la sonrisa y se le vaciaba la mirada, como si se convirtiese en una zombi.

De todos los hombres que querían tener algo que ver con ella, solo uno consiguió hacerla su novia: Juanjo, un tipo desabrido con una tripa que le desbordaba un cinturón que no le valía para nada, porque los pantalones se le caían, enormes en la cintura y demasiado anchos a medida que descendían por su cadera y sus piernas.

Ignoro qué le atrajo de él, porque ni Inés ni yo le podíamos ver. Era gritón, hosco, escandaloso y cuando se ponía de mal humor tenía unos modales muy desagradables; le gustaba hacer gala de su mal genio, un genio terrible que nos atemorizaba y nos hacía refugiarnos de inmediato en nuestras habitaciones cuando venía de visita, haciéndonos sentir extraños en nuestra propia casa.

A mi madre le recriminaba que era blanda con nosotros, sobre todo conmigo, y que yo no era solo una chinche, sino una nenaza. Para él los chicos tenían que ser una réplica de Conan el Bárbaro.

Se dedicaba a algo relacionado con la construcción, no recuerdo muy bien a qué exactamente, y le gustaba pescar. Era propietario de un barco de paseo pequeño.

Desde que mi madre lo aceptó como novio, todos los lunes a primera hora preparaba bocadillos y llenaba una nevera portátil con botes de cerveza, refrescos y hielo hasta los bordes y salía con él al mar. Juanjo aparejaba las cañas en los cañeros cuando franqueaba la bocana del puerto. Dos cañeros en popa, uno en babor y otro en estribor.

Mi madre empezó su relación con Juanjo más o menos por la misma época por la que mi hermana Inés se ennovió con Carlos (más conocido como Charlie), el chico más chulo de todo el instituto.

Ya bien avanzado el verano, la víspera del día que tenía previsto acercarme con mis amigos a ver montar las atracciones, como hacíamos todos los años por fiestas, mi madre me anunció que pasaría el lunes con ella y con Juanjo pescando en el barco. También se lo dijo a Inés, pero mi hermana se negó en redondo. Dijo que en el mar no se le había perdido nada.

A mí tampoco se me había perdido nada, y aún más, que Juanjo se hubiera empeñado, según mi madre, en que los acompañara aquel día precisamente, cuando me gustaba rondar con mis amigos por la explanada cercana a la plaza mientras instalaban los puestos ambulantes, la caseta de tiro, la barca, me disgustó, pero no me valió de nada enfurruñarme, porque mi madre no estaba dispuesta a ceder.

Juanjo nos vino a buscar en coche cuando aún era noche cerrada y nos llevó a Santa Marina de la Cueva, a unos treinta kilómetros de Carena, donde vivíamos. En Santa Marina había un pequeño puerto en el que él amarraba su barco. Recuerdo que yo remoloneé más de la cuenta y, cuando al fin arrancamos, Juanjo no paraba de repetir que no sabía por qué me había invitado, que aún no habíamos embarcado y ya se había arrepentido, que para pescar había que madrugar mucho más, salir de noche para estar en alta mar cuando asomase el sol, que al cambio de luz los peces pican mejor y que a la hora que nosotros llegaríamos al puerto, los buenos pescadores ya habrían hecho un buen acopio de cebo vivo y no nos iban a dejar ni las migas. Yo tenía tanto sueño que ni le contesté. Mi madre se removía incómoda en el asiento sin cesar de repetir: «¡Déjalo ya, Juanjo, déjalo ya!».

No salimos hasta las ocho de la mañana porque había que retirar la lona que cubría la bañera, lavar el barco, ordenar las neveras y preparar las cañas.

Recuerdo que en el puerto una brisa fresca azotaba mi camiseta y me la pegaba al cuerpo. Yo entonces era un niño muy robusto. No había dado el estirón que transformaba a lo largo milagrosamente los cuerpos de otros muchos compañeros míos de clase. Estaba en primero de la ESO, iba a empezar segundo. Entonces había exámenes en septiembre y me habían quedado dos asignaturas: Matemáticas y Plástica. Plástica me quedó porque no había entregado las láminas, aunque la asignatura me gustaba mucho. Teníamos una profesora que nos ponía a hacer grafitis en unos rollos de papel inmensos con los que empapelaba el pasillo de nuestra ala y también nos enseñaba maquillaje y a hacer tatuajes con pinturas que se lavaban para aprender a usar la piel como un lienzo. A nuestros padres aquello no les gustaba nada, pero todos estábamos encantados con ella. Fui el único al que suspendió por no haber hecho ni el mínimo de los mínimos. En principio tenía por delante todo el verano para hacer cuatro láminas birriosas, pero, a dos semanas de los exámenes, aún no había hecho ni una. En cuanto a las matemáticas... dos veces a la semana iba a casa de don Fulgencio, un profesor jubilado que daba clases a los que nos habíamos quedado rezagados en alguna asignatura y no podíamos permitirnos pagar un profesor particular.

Pensé, mientras Juanjo ponía en marcha el motor, que ya era mala pata tener que irme con ellos justo los días que don Fulgencio nos dejaba libres para que aprovecháramos las fiestas. Mi madre ayudó a Juanjo a sacar el barco soltando las amarras mientras él maniobraba marcha atrás y me miraba con los ojos brillantes, orgullosa de sus nuevas habilidades. Yo no reaccioné. Nada que estuviera relacionado con Juanjo me producía la menor admiración. Me senté en el banco de la bañera y mi madre se sentó a mi lado cuando Juanjo puso proa a la bocana del puerto. Me acurruqué en su hombro dando cabezadas, por el madrugón y porque el ruido del motor y el fragor de fondo del mar, como una multitud que se oye a lo lejos, me amodorraban. Tenía el presentimiento de que aquel iba a ser un día interminable y solo dormir podía acortarlo. Cuando franqueamos las boyas señalizadoras del puerto oí que el motor se ponía al ralentí y, como entre sueños, escuché a Juanjo dar órdenes a mi madre. Le pedía cebo vivo. Mi madre se levantó y yo seguí cabeceando, incluso cuando comenzaron a discutir porque ella no atinaba a coger las lombrices para dárselas a él, las soltaba apenas las tocaba porque le daban asco. El ánimo de Juanjo se iba incendiando y le acabó levantando la voz, primero solo maldecía, luego acabó llamándola inútil. Cuando volvió a sentarse a mi lado, tras advertirle que no le faltara al respeto, él siguió perorando solo, hablando para sí: definitivamente no había sido buena idea habernos llevado con él, para un día que tenía para hacer su santa voluntad... Yo entreabrí los párpados y le vi, con el rostro rojo de ira y una expresión que no auguraba nada bueno. En la radio que llevaba colgada de una de las cornamusas se oyó, tras un crujido, una voz: «Borrita llamando a Borealis, Borrita llamando a Borealis, ¿me copias?». Levanté los párpados. Juanjo tenía clavada la mirada en un punto indefinido del mar. «Aquí Borealis, Borrita. Pasamos a canal tres».

Mi madre me miró sonriendo, como si aquello fuese muy emocionante y me señaló la estela que dejaba el motor en el mar, una línea que zigzagueaba.

—Mira, si te fijas, la estela dibuja exactamente nuestra derrota.

Cuando le pregunté a João días más tarde qué era la derrota me respondió que es la ruta prevista de navegación, que debe ser la más corta entre el punto de partida y el de destino, lo que excluye ir haciendo eses. Su explicación me corroboró que, como se demostró más tarde, no íbamos a ninguna parte, que dábamos bandazos y que Juanjo no era de fiar ni como capitán ni como timonel.

MELTEMI

Juanjo solía presumir de sus hazañas como pescador. Nos contaba en casa, cuando alguna noche acompañaba a mi madre y se quedaba sentado en el sofá como un rey, sus luchas contra auténticos monstruos marinos: atunes descomunales, peces con una inteligencia enrevesada, incluso un pez espada. Inés ponía siempre una mueca de fastidio. Yo no me creía nada, mi madre sonreía, distraída.

    La mañana en que se me brindó al fin la oportunidad de ser testigo de la habilidad como pescador de Juanjo no fue decepcionante para mí por la sencilla razón de que no esperaba nada de él; nada bueno, quiero decir. Un par de peces tuvieron la mala idea de cruzarse en nuestro camino. Mordieron el anzuelo, pero lucharon hasta el final y acabaron soltándose. Uno de ellos debía de ser enorme, porque se llevó, junto con el cebo, el anzuelo y buena parte del sedal allí donde Juanjo había hecho un nudo chapucero para unir el hilo del carrete al de fluorocarbono, que es invisible para los peces. Juanjo no paraba de maldecir. La culpa era nuestra, farfullaba, porque a aquellas horas no había ya nada que hacer. Señalaba una sonda que había instalado para detectar la presencia de bancos de peces y gritaba: «¿Ves, Carmen? ¿Ves? Nada, ya no hay nada».

Estaba tan enfadado que, tras recoger las líneas, puso el motor a toda potencia rumbo al islote de las Gaviotas. El islote de las Gaviotas estaba entre el puerto de Santa Marina de la Cueva y Condrás, en dirección opuesta a Carena y, según acabó diciéndome Juanjo de mala gana, a unas doce o trece millas, unos veinticinco kilómetros. Tardaríamos algo más de hora y media en llegar. Yo me sentía mareado y hacía lo posible por sobreponerme y no quejarme. Prefería no llamar la atención, pero cuando ya estábamos casi llegando, no podía soportarlo más. Mi madre se preocupó al verme tan pálido y advirtió a Juanjo que disminuyese la velocidad, que yo iba a vomitar. Él se puso hecho una furia. Ya estábamos casi pegados a la isla. Me asomé por la borda con el estómago revuelto y dando bandazos en las paredes de mi abdomen justo cuando pasábamos sobre un banco de medusas. Eran blancas, enormes, de las que te azotan con su tentáculo como si fuese un látigo y te dejan una marca roja y muy dolorosa. Me retiré, asustado, empujé sin querer a mi madre que me sujetaba la frente para que no perdiera el equilibrio, ella trastabilló y fue a dar a Juanjo. Juanjo gritó a la vez que disminuía la velocidad. Se volvió hacia mí, señalándome con el dedo. Su presencia en aquel espacio tan reducido era imponente. Me empujó por los hombros. Una arcada me sacudió y sentí un violento zarandeo que me hizo perder el equilibrio en la borda. Sin más transición me vi en medio de un torbellino de burbujas, el agua fría hizo extinguirse la arcada y dejó en su lugar un pánico y una impotencia que me paralizaron. Braceé como si fuese un molino hasta que emergí y vi que el barco de Juanjo se alejaba de mí muy despacio: él se carcajeaba emitiendo un aullido triunfal, mi madre gritaba en popa, pero el barco seguía distanciándose. Al parecer Juanjo no tenía intención de maniobrar para recogerme.

Empecé a nadar agobiado, aterrorizado por la cercanía de las medusas. Entonces no sabía nadar bien, chapoteaba como un perrillo. Imaginaba que las medusas agitaban sus tentáculos, que iban a rodearme con ellos y me arrastrarían al fondo del mar. Lloraba a gritos mientras nadaba y, cuando callaba para tomar aire, escuchaba la voz de mi madre que suplicaba a Juanjo y no paraba de repetir mi nombre seguido de «hijo mío, hijo mío», mientras Juanjo reía vociferando a su vez: «¡Chinche, nenaza, nada si tienes lo que hay que tener!».

La rabia me ahogaba.

Tragaba bocanadas de agua salada muy fría, la nariz no dejaba de moquearme y tenía los ojos nublados de lágrimas y, si las medusas me aterrorizaban y ese terror me impulsaba a avanzar desesperado, las hélices del motor me inspiraban más respeto aún, de modo que me quedaba paralizado y no hacía el esfuerzo final por alcanzar el barco, que ya estaba a solo un par de metros. Pensaba que, si me acercaba demasiado, acabaría convirtiéndome en carne picada para los peces que hasta ahora nos habían burlado. El remolino de burbujas de las hélices me salpicaba, impidiéndome ver; en realidad nadaba a contracorriente y el ruido no me dejaba escuchar ninguna de las indicaciones que, al parecer, me gritaban.

Por fin enmudeció el motor y oí las carcajadas de Juanjo, que se dirigía a proa para echar el ancla. Mi madre desenganchó la escalerilla para que pudiera encaramarme a la bañera. Me faltaban apenas unos metros para alcanzar la embarcación cuando reparé en un enorme casco muy cerca de donde Juanjo anclaba. Era el casco de un velero de dos mástiles recortándose majestuoso contra la silueta del islote y el cielo: blanco reluciente, el palo de la mayor y de mesana desafiando el aire. En la cubierta se alzaban dos figuras, la de una mujer y la de un chico muy alto y delgado. Estaban inmóviles, parecían estatuas, dioses marinos. Los dos eran fibrosos. Estaban muy bronceados y miraban fijamente hacia nosotros, muy juntos. Habían presenciado todo.

Me sentí avergonzado.

Alcancé la escalerilla temblando de rabia. Juanjo seguía riéndose y llamándome nenaza. Al salir del agua, noté escozor en un tobillo. Tenía una marca estrecha y alargada, como la de un latigazo, que lo atravesaba. Me había picado una medusa. El pánico que había sentido fue tan intenso que ni siquiera me había dado cuenta. Mi madre se apresuró a lavarme con agua de mar, sacó de su bolsito unas pinzas y me examinó cuidadosamente, buscando algún filamento que se hubiera quedado adherido, sin dejar de insistir en que no se me ocurriera tocarme; luego amontonó hielo de la nevera sobre una toalla, la anudó y me la tendió con una seña, para que me la pusiera sobre la marca. Yo tenía ganas de llorar, miraba a Juanjo con un rencor que me quemaba, y él, ignorándome, no paraba de burlarse de mí, como si mi odio silencioso le pusiera de un humor excelente. Maquiné empujar a ese energúmeno, pero ¿quién nos llevaría de vuelta al puerto? No podía hacer nada contra él mientras estuviéramos en alta mar. No dejaba de pensar en lo lejos que estábamos de tierra firme. El islote de las Gaviotas no era más que una roca pelada y desierta. Bajé la cabeza y dejé que las lágrimas se deslizaran por mi rostro, de espaldas al velero que estaba anclado a unos quince metros de la barca de Juanjo. A mi madre le temblaban las manos y estaba muy seria. Supuse que estaba tan furiosa como yo e igualmente prisionera.

Juanjo hablaba para sí, porque no le escuchábamos. Decía tonterías sobre las pruebas que hay que pasar para convertirse en un hombre, lo que él pensaba de la educación que mi madre nos daba. Al fondo, en la isla, las gaviotas reidoras emitían sonidos que tan pronto parecían aplausos como carcajadas.

Yo miraba el agua, limpia, de color acero, como la hoja de un cuchillo, que apenas se movía. Mi madre no se separaba de mi lado. Me tapé la cara con las manos hasta que oí que Juanjo se acercaba a la bañera desde proa. No quería tenerlo cerca. Aún tenía un nudo en la garganta que no se deshacía, una opresión en el pecho que no me dejaba respirar. Me ahogaba y, puestos a elegir, prefería ahogarme en el mar que en el barco de Juanjo. No me lo pensé dos veces, tiré a un lado la toalla que había puesto sobre mi tobillo y salté al agua de nuevo para poner distancia con él. Los gritos que proferían desde la embarcación se silenciaron cuando me sumergí. Mantuve la cabeza bajo el agua con los ojos cerrados. Me gustaba que no me vieran, me gustaba no verlos y no oírlos y deseaba con todas mis fuerzas volver a tierra.

Aguanté la respiración cuanto pude, resistiendo la presión que me empujaba hacia la superficie. No podía abrir los ojos porque la sal haría que me escociesen.

El agua se desplazó cerca de mí, como si un pez enorme me estuviera rondando y hubiera dado un coletazo colosal, o como si hubiera caído un proyectil del tamaño de una bala de cañón. Saqué la cabeza a la superficie y vi, al abrir los párpados, bajo la luz cegadora, un remolino de espuma no muy lejos de mí y un enorme flotador naranja en medio. Al momento emergió una cabeza y respiré de alivio. Era el chico del barco, que comenzó a nadar hacia mí tranquilo, despacio, con el flotador entre sus manos. Se detuvo cuando le faltaban un par de metros para alcanzarme. Se encaramó al flotador y me miró con una sonrisa apenas esbozada, como un saludo. El sol espejaba sobre el agua y la luz me deslumbraba. Lo veía como una silueta negra en la que solo destacaba el blanco de sus dientes y de sus ojos. Sacudí la cabeza y me ocupé solo de mantenerme a flote, en el sitio. Como no le contestaba, ni hacía ningún movimiento de aproximación, empezó a jugar con el flotador, se subía a él, se acomodaba y luego se tiraba, siempre cerca de mí. Yo se lo envié un par de veces que llegó a mi alcance. Él me lo tendió. Sentía los ojos de mi madre siguiendo cada uno de mis movimientos. Miré en dirección al velero. La mujer que le acompañaba estaba sentada en popa, con los pies colgando, y también nos miraba, porque su cara estaba vuelta hacia nosotros, pero no podría asegurarlo, porque llevaba gafas de sol. Bajo el torrente de luz dorada ella parecía un holograma, un espejismo. La siguiente vez que João me alcanzó el flotador, me encaramé a él y João me tiró al agua, luego él se subió, yo lo zarandeé un poco y acabé tirándolo también. Se rio y yo también me reí, con esa risa que es como un espejo y que señala el inicio del juego en el lenguaje universal. La opresión en el pecho iba cediendo. Me fijé en que era muy moreno, tenía los ojos casi negros, la boca grande y la nariz muy recta. Era delgado, tenía las piernas y los brazos velludos, aunque era barbilampiño, no tenía ni un pelo en el pecho, pero sí en las axilas, y una nuez muy prominente, a diferencia de la mía, enterrada entre los pliegues de mi cuello robusto.

Comenzamos a gritar: primero, «arrrggg», «buuumm», luego decíamos palabras sin mucho sentido —«¡toma!», «¡toma!», «¡anda!»—, y, por fin, cuando ya estábamos agotados y nos tomábamos un respiro, agarrados al flotador, João me habló:

—¿Cómo te llamas? —me preguntó, paleando el agua con sus pies y arrastrándome.

—Miguel, me llamo Miguel, pero todos me llaman Chinche.

Fue cuando sonrió.

—¡Pues maldita la gracia que tiene! —protesté malhumorado.

—Chinche, chinchorro —casi cantó.

Volvió a sonreír.

—¿Y tú? ¿Cómo te llamas? —le pregunté a mi vez.

—João.

Fue cuando me di cuenta de que su acento era diferente.

—¿Y tu barco? —le pregunté—. ¿Cómo se llama tu barco?

—Meltemi, como el viento del Egeo.

Yo entonces no sabía nada de vientos, ni siquiera sabía que el Egeo es un mar. Ya dije que no destacaba precisamente por mi aplicación escolar, y que tampoco era un lince.

—Es precioso —respondí, volviendo a admirar la silueta del velero.

Era espléndido, un Vagabond de catorce metros de eslora y cuatro de manga. Aunque entonces no entendía nada de barcos, solo estaba familiarizado con los de los pescadores de mi pueblo, al instante supe que era un barco especial.

João miró entonces en dirección al de Juanjo, que lucía en la popa su nombre ridículo: Chipirón.

—El de tu padre...

—¡No es mi padre! —grité y mi voz se ahogó en un espumarajo de burbujas, como si solo pensar que aquel energúmeno pudiese llegar a serlo me hubiera atado una piedra al tobillo que me arrastraba sin remedio al fondo.

—¿Quieres ver mi barco? —me preguntó João con su acento de caramelo cuando saqué la cabeza del agua, rompiendo el silencio incómodo que había sucedido a mi grito.

Miré de soslayo al Chipirón y vi a mi madre afanada con la bolsa de los bocadillos, hosca, evitando mirar a Juanjo. Nada parecía invitarme a volver junto a ellos.

—Me encantaría.

—Ven —me dijo João tendiéndome el flotador, que era en realidad un salvavidas anudado a un cabo que lo aseguraba al Meltemi.

Los dos lo agarramos, cada uno de un lado, y nos impulsamos con los pies. La madre de João se puso en pie con los brazos en jarras en cubierta. Ya estábamos muy cerca. João y ella se parecían mucho. Estaban igual de morenos, no tenían ni un centímetro de grasa en su cuerpo y los dos tenían las axilas igual de pobladas. Eso me hizo sentir a disgusto. Aún, pasados todos estos años, sigo preguntándome por qué. Me invadió una especie de pudor extraño. Le dije a João que ya no se me antojaba tan buena la propuesta de subir a su barco, que debería volver al Chipirón porque su madre y su padre querrían comer.

—No tengo padre —dijo João—, vivo solo con mi madre.

—¡Como yo! —exclamé, encantado al descubrir algo que compartíamos, aunque se tratase de una situación dudosamente deseable—. Yo vivo con mi madre; bueno… y con mi hermana.

—¿Tienes una hermana?

—Sí, Inés. Tiene dieciséis años y es una plasta —le dije, sin parar de patalear. Hubiera dado cualquier cosa por tener unas gafas de bucear y ver bajo el agua el casco del Meltemi.

—¿Dónde vives? —me preguntó João.

—No muy lejos de aquí. En Carena —le respondí. Como no tenía ni idea de en qué punto del mar estaba, me sentí desconcertado al no poder señalar la dirección.

—Lo conozco —afirmó él—. A veces vamos al puerto.

—Pues no te he visto nunca. —Estaba seguro de que, de habérmelo cruzado, su imagen se me hubiera grabado de inmediato.

—Ya… Nunca paramos más de una noche. Siempre en verano.

—¿Y eso?

—El invierno lo pasamos en el Mediterráneo o en el Tirreno o en el Jónico o en el Egeo… aquí hace mucho frío y el mar está siempre revuelto.

—Pero ¿dónde vives? —insistí.

—Vivo aquí y allá, unas veces en un mar, otras en otro diferente —me respondió con condescendencia, como si mi falta de comprensión fuese un poco lastimosa.

—¿Cada vez en un sitio?

—Sí, donde hace mejor tiempo y es más seguro. Una semana estamos en el Jónico y la siguiente pasamos al

Adriático. Tan pronto estamos en Sicilia como nos movemos a Valencia.

—Pero ¿cómo? —insistí, incrédulo.

—En el Meltemi —dijo él, elevando un poco la voz.

Abrí los ojos como platos. Me solté del flotador y contemplé con otros ojos el velero que se mecía suavemente junto a nosotros.

—¿Vives aquí? ¿En el barco?

Aquello me pareció extraordinario. Yo siempre había pensado en un barco como un medio de transporte, y aunque sabía que algunas personas vivían en casas semejantes a un barco o en barcos semejantes a casas, me había hecho a la idea de que esas viviendas no podían ir moviéndose por el mar o por un río, sino que tenían que estar firmemente amarradas a tierra. Las consecuencias de aquella afirmación, de repente, abonaron mi incredulidad.

—¿Cómo vas a vivir en el barco? Tendrás que vivir en un sitio, para ir al instituto y todo eso —objeté, no sin un poco de desconfianza.

—No, no voy al instituto. —João me miraba a los ojos con una franqueza que me desarmaba; no solo aparentaba ser inocente, sino también estar poco acostumbrado a tener que dar explicaciones semejantes—. Vivo en el barco, hoy aquí, mañana allí. Tocamos puerto muy raras veces.

—¿Con tu madre? ¿Solos los dos? —Mi asombro no tenía límites. Por muy grande que fuera, el Meltemi no dejaba de tener una superficie mínima si lo comparaba con la tierra, con mi pueblo y todas sus calles. Traté de imaginar cómo sería vivir solo con tu madre en un espacio tan reducido, sin posibilidad de escapatoria, de burlar la vigilancia de sus ojos, y me pareció inconcebible—. ¡Venga ya! ¡Te estás quedando conmigo! —no pude por menos que decirle.

—¿Qué hay de raro en eso? Yo conozco mucha gente que vive como nosotros, en barcos —me aseguró João sin inmutarse.

—¿Y sin ir al instituto? ¿Sin trabajar? ¡Te lo estás inventando! —Empezaba a enfadarme seriamente con João, lo que contaba no podía ser verdad, me estaba tomando por estúpido.

—¿Quién te ha dicho que no trabajamos? —me dijo, un poco molesto.

—¿En qué? —le desafié yo.

—Unas veces en una cosa, otras veces en otra... Según lo que sale —me respondió evasivo, muy serio—. A veces llevamos en el barco a una familia que lo alquila para pasar una semana navegando, otras veces hay que acudir a un rescate... Y yo estudio. Todos los días. Con ella. Cuando hemos terminado la faena a bordo, nos sentamos y estudiamos. Ahora te lo enseño...

Se dispuso a acercarse a popa, pero yo insistí aún:

—¿Y cómo te examinas? ¿Dónde lo haces? No creo que se pueda vivir en el mar todo el tiempo. ¿Y la comida? ¿Qué coméis? —le pregunté, seguro ya de que lo que me contaba no podía ser sino una enorme mentira para impresionarme.

—Ya te he dicho que de vez en cuando tocamos puerto. Atracamos lo suficiente para repostar agua dulce, combustible, comprar arroz, pasta y algo fresco y nos hacemos a la mar después. Y en el barco se pesca también. Cuando navegamos, tiramos una línea y pescamos al curricán.

—¿Curricán?

—En movimiento, pescamos mientras navegamos. ¿Tú no pescas? —señaló con la cabeza en dirección al Chipirón, con sus cuatro cañas en los cañeros. Juanjo estaba en pie, de perfil a nosotros, bebiendo un bote, de cerveza, supuse. Mi madre también estaba en pie, mirándonos, con una mano a modo de visera mientras me hacía señas con la otra, indicándome que regresase al barco. Pensé en lo distinta que era mi madre de la madre de João. La mía seguía envuelta en un pareo, llevaba un sombrero de paja y parecía más mayor, pero no tardé en descubrir que tenían mucho en común. Las dos vivían, si es que lo que João me decía era verdad, con sus hijos. Los sacaban adelante.

—No, yo no pesco —negué en voz baja, pensativo—. No sé pescar. No he pescado en mi vida y no pienso aprender.

João esbozó un gesto de decepción.

—Eso lo dices porque no vives en un barco. Pero en Carena hay muchos pescadores. Los he visto cuando atracamos en el puerto para repostar. La señora de la gasolinera y mi madre son amigas.

—¿Quién? —pregunté asombrado—. ¿Elisa?

João asintió.

—Mi madre también conoce a Elisa. Todo el mundo conoce a Elisa. Su hijo Guille va al instituto, aunque no a mi curso, pero sí vamos juntos a casa de don Fulgencio a clases particulares. Yo también la conozco. A veces voy con mis amigos a la gasolinera a comprar chuches cuando ya han cerrado las tiendas.

João asintió. Durante unos segundos no dijo nada.

—¡Vamos! —ordenó de repente, y tiró del flotador.

—Tengo que irme —me excusé. No podía evitar sentir una cierta desconfianza por todo lo que me acababa de contar—, mi madre me está llamando.

—¿No vas a subir al Meltemi? —me preguntó.

—Luego, si acaso —le respondí, un poco incómodo, pensando de nuevo en su madre, pero picado por la curiosidad de comprobar si lo que decía era cierto. ¿Cómo sería por dentro el barco? Seguro que si lo veía con mis propios ojos acabaría desenmascarando la mentira de João.

Este se encogió de hombros.

—Te acompaño al barco —se ofreció.

No fue hasta bastante tiempo después, habían pasado años ya de este encuentro, cuando me di cuenta de que João se sentía muy solo. Necesitaba desesperadamente compartir con alguien más su vida. Estaba sediento de amistad.

Volvimos al barco igual que habíamos ido a su velero, impulsándonos a patadas, dibujando una estela de espuma sobre el agua en calma.

SIGUE NADANDO

Subí por la escalerilla a la bañera del Chipirón y mi madre me tenía la toalla preparada como si fuera un niño pequeño. Juanjo no desaprovechó la oportunidad de meterse con nosotros. Seguí a João con la mirada mientras se alejaba despacio en dirección al Meltemi.

Cuando llegó, su madre no le tenía preparada la toalla. Eso me hizo avergonzarme de la mía un poco y también de mí.

—¡Así no va a haber quien lo enderece, Carmen! ¿Qué te piensas que es, un bebé al que sacas de la bañerita? Es una nenaza, míralo, si tiene más tetas que una mujer —farfullaba Juanjo sin parar de gesticular.

Mi madre me pasaba la toalla por el pelo y me tendía una gorra y una camiseta, ignorando sus comentarios.

Juanjo tenía la rara habilidad de conseguir humillarme más que cualquier otra persona. Y cuanto más lo hacía, más lo odiaba. No me atreví a decirle lo que pensé en ese momento: que si yo tenía tetas, él tenía más barriga que una mujer embarazada a punto de dar a luz. Sabía que, si le provocaba, la situación solo podía ir a peor, aunque lo que le dijese fuera gracioso, como le parecía a Inés cada vez que lo imitaba. Juanjo siempre tenía que quedar por encima. No admitía ni una crítica, pero consideraba que él tenía todo el derecho del mundo a criticar a todos, como hacen los arrogantes.

Mi madre fingió no haber oído lo que Juanjo acababa de decirme.

—¿Quién es ese chico? —me preguntó, sentándose a mi lado y resuelta a cambiar de tema, con la esperanza de suavizar las cosas. Vi que arrugaba la nariz, que se había embadurnado con una capa de crema blanca para proteger sus pecas, un gesto que hacía siempre que se salía por la tangente, como decía ella.

—No lo sé, se llama João —contesté, encogiéndome de hombros—. Dice que vive en el barco con su madre, solos los dos.

—¡Jesús, qué fantasioso! —respondió mi madre, sonriendo y suspirando, mirando ella también de reojo al Meltemi, en cuya cubierta veíamos moverse a Belém—. ¿Cómo van a vivir en un barco solos una mujer y un chaval de su edad? Eso es imposible.

—¡Pero qué ignorantes sois! —intervino Juanjo, mientras un ataque de hipo le sacudía la barriga—. En lo único que tenéis razón es en que esos dos no pueden estar solos. Ahí dentro tiene que haber un hombre. Te ha mentido, Chinche, y si te ha mentido es porque seguro que son antisistema, contrabandistas o algo peor. ¿Por qué no ha salido el hombre a cubierta? Pues porque está escondido. Llevo un buen rato mirando y no ha aparecido nadie. Lo mejor que podríamos hacer es llamar por radio a la Guardia Civil. Y mirad —dijo, señalando el barco con la mano—. Tiene bandera de Malta. Eso es para no pagar impuestos. Seguro que si lo registran encuentran droga.

—¿Malta? —pregunté—. Lo que sí sé es que es extranjero. Habla muy raro.

—Son traficantes, seguro.

—¡Anda, anda! —dijo mi madre levantando una mano y sacudiéndola, como si lo que Juanjo decía fuera una soberana tontería.

—¿No me crees? —se revolvió él—. Ahí dentro hay alguien más escondido. Ese barco no lo llevan una mujer y un crío, ¿pero no ves que tiene más velas que cirios tiene la iglesia? Eso es un señor barco. O lo manejan un par de hombres o no lo mueven... ¡Eres una ignorante, Carmen!

Mi madre negó con la cabeza en silencio y me tendió un bocadillo de jamón y un refresco.

—¡Mira quién fue a hablar —dijo hablando como para sí—, el doctor *honoris causa*!

A Juanjo, que oyó las palabras de mi madre, le cambió la expresión, nos miró con verdadera hostilidad. Como ella estaba de espaldas, no se dio cuenta, yo le sonreí de medio lado, para que él no me viera.

Miré al cielo y vi que, a lo lejos, avanzaban unas nubes como de algodón, al poco se levantó una brisa suave que agitó las aguas y el barco empezó a cabecear. Miré hacia el Meltemi y vi que se mecía, pero mucho menos que el Chipirón. El graznido de las gaviotas se extinguía por momentos.

—Me ha dicho que conoce a Elisa, que a veces atracan en el puerto de Carena —informé a mi madre, tratando de recuperar el hilo de la conversación.

—Le preguntaré —replicó ella, distraída, sentándose y desenvolviendo su propio bocadillo—. ¿Cómo se llama el barco?

—Meltemi —le respondí—. Me ha invitado a subir, pero como me estabas llamando...

—¡Me gustaría ver por dentro un barco así! —exclamó mi madre, guiñando los ojos y mirándolo en la distancia—. Dicen que son como una casa, hasta con cocina... Tienen horno, fuegos... pero basculantes.

—¿Basculantes? —pregunté con la boca llena.

—Sí, me lo explicaron una vez. Para que cuando el barco se mueve lo que se está cocinando no se derrame, porque es un peligro; tanto la cocina como el horno están suspendidos de una barra para que se mantengan siempre horizontales. Y tiene una especie de cinturón para que quien cocina esté asegurado junto al fuego y no se vaya atrás o a los lados si golpea una ola muy fuerte.

—Yo creo que no se puede vivir en un barco —aseguré, tragando con dificultad—. ¿Cómo compran la comida? ¿Y el agua?, ¿eh? ¿Y el agua de beber?

—Llegan a tener depósitos de hasta mil litros de agua potable dentro —terció Juanjo, mirando a su vez el barco—. ¡Claro que se puede vivir en un barco así, incluso en barcos más pequeños! Pero hay que estar tarado o tener motivos muy feos para no querer vivir con la gente de bien.

Yo pensé que no todo el mundo que vive en tierra es gente de bien. De hecho, no querría por nada del mundo ser vecino de Juanjo y muchísimo menos compartir la misma casa.

—Me ha dicho que no va al instituto, mamá, que estudia en el barco con su madre.

—Eso es imposible —dijo mi madre, negando con la cabeza—. La escolarización es obligatoria.

Juanjo intervino:

—¿Y cómo te crees que estudian los chicos que viven muy lejos de una escuela: los hijos de los fareros, por ejemplo, o los chicos que viven perdidos por ahí en un bosque? Mira la doctora *honoris causa* —le devolvió el golpe a mi madre.

—Lo que no me ha dicho es dónde se examina —les expliqué, ignorando la intervención de Juanjo, que parecía decidido a provocar a mi madre.

—No le creas, Miguel. Todo lo que te ha contado es una fantasía.

Mi madre no podía concebir, al igual que yo, una vida azarosa, la desobediencia a las normas.

—¡Uy, Juanjo! ¿No se está moviendo esto mucho? —exclamó mi madre con inquietud cuando una ola nos embistió desde estribor, una ola que parecía llegar de ninguna parte para aferrarse con dedos de espuma al costado de la embarcación.

Eran pasadas las dos de la tarde. Miré al cielo. Tras las nubes de algodón, avanzaba un nubarrón denso y en el instrumental del barco la pantalla mostró una racha de catorce nudos que nos sacudió.

Juanjo no dijo nada, pero encendió la radio, que no sé cuándo había apagado, para escuchar la previsión meteorológica.

—A las tres emiten un parte. Voy a echarme un momento y me despiertas cuando lo den —dijo, apoyándose en el hombro de mi madre y pasando por encima de ella para que la sombra de la lona del bimini le protegiera la cabeza.

Mi madre se encogió un poco.

—¿No sería mejor ir volviendo?

Juanjo ni siquiera contestó, se echó sobre el banco tras empujarla para que le dejase sitio, se puso el brazo sobre los ojos y al rato estaba roncando bocarriba con un sonido como de rebuzno.

Mi madre se puso a recoger los papeles de los bocadillos y los botes de la bebida. Lo organizó todo en una bolsa y luego sacó de un bolsito de cremallera donde llevaba su teléfono, las llaves, la documentación y esas cosas, unas pinzas, un espejito y una lima de uñas. Se sentó en el banco que quedaba libre, también a la sombra del bimini, y yo me tumbé, puse la cabeza sobre sus piernas y me quedé medio dormido, pensando en João y en el Meltemi.

Un salto de mi madre me despertó.

—¡Juanjo! —le oí gritar—, ¡Juanjo, despierta! Están anunciando temporal.

Escuché en la radio, entrecortada, una voz que hablaba de rachas de hasta veinticinco nudos y pronóstico de marejada a fuerte marejada. La lancha ya no se balanceaba, se sacudía, y alrededor las olas se levantaban y rompían, rociándonos. Una nube había tapado el sol. Me pareció que el viento era mucho más frío.

—¡Tranquilidad! —alzó Juanjo la voz, aún atontado por el sueño—. A mí, nada de histerismos.

Mi madre se había puesto nerviosa. Se movía por la bañera como una leona en una jaula. Juanjo se desperezó, miró alrededor y se dirigió a proa para levar el ancla.

Mi madre me miró y me dijo en un susurro:

—Siéntate y no te muevas. —Luego, levantando mucho la voz para hacerse oír sobre el fragor del mar, preguntó—: ¿Saco los chalecos?

Yo no sabía si Juanjo no la oía o fingía no hacerlo.

Entre el agua y las nubes la atmósfera se electrificaba, bastaba un rayo para que el aire se incendiase. Ni una gaviota surcaba el cielo que se había encapotado por completo. No parecía el mismo día que había amanecido. Parecía un día fracasado, propicio para un naufragio.

Repasé lo que había sucedido a lo largo de la jornada. La expresión de alegría de la mañana se había desvanecido en el rostro de mi madre, que ahora reflejaba crispación. Recuerdo que estuve dándole vueltas a si el culpable de ese cambio era yo solo o todo lo que había acontecido en el transcurso de las últimas horas: la falta de cordialidad, la tensión entre nosotros tres o la tormenta que se fraguaba a partes iguales entre el mar y el cielo. Traté de recordar si había hecho algo mal, pero no se me ocurría nada. De hecho, si alguien había salido perjudicado a lo largo de aquellas horas, había sido yo, con la picadura de la medusa y el susto de haber acabado en el agua. No me había rebelado contra las provocaciones de Juanjo, había intentado sacar un tema de conversación y si bien no contribuí en nada ni me había interesado por la pesca o la embarcación, tampoco Juanjo me había dado pie ni una sola vez a sostener un intercambio de palabras amigable. Volvió la sensación de ahogo, de angustia en la garganta y el pecho.

—¿Chalecos? —se oyó la voz de Juanjo, al cabo de un instante, constreñida por el esfuerzo de levantar el ancla—. ¿Qué te crees, que esto es el Titanic?

—¿No tienes chalecos? —preguntó mi madre con una expresión de alarma en el rostro francamente preocupante.

El barco se sacudió con violencia. La superficie del mar que antes semejaba una lámina de estaño se iba punteando de espuma y el color había cambiado del acero al gris humo.

—¡Arranca el motor, Chinche! —me ordenó Juanjo.

No tenía ni idea de lo que me decía. Una cabeza enorme como la de un robot rematada por patas de hélices mortíferas me miraba desafiándome desde popa. El motor me parecía un monstruo y no tenía ni idea de cómo ponerlo en marcha.

Mi madre se inclinaba ya y tiraba de un mecanismo con una cuerda que conectaba con el fueraborda.

—Tú no, Carmen, él. —Juanjo avanzaba dispuesto a ponerse al timón.

—Él no sabe —dijo mi madre y noté que la voz le había cambiado.

Fue cuando me di cuenta de que estaba, no sé si más, pero sí igual de asustada que yo. Su tono agudo, casi histérico, no me tranquilizaba. Todo lo contrario. Juanjo se acercó y me encogí. Esperaba un nuevo empujón. Pero no se dirigía a mí, iba directo hacia mi madre. No vi nada, su cuerpo de orangután me tapó la visión, pero oí el ruido de algo que cayó al mar.

Cerré los ojos y, cuando los abrí, la línea del horizonte subía y bajaba. Yo estaba en el mismo lugar, pero mi madre ya no estaba en el barco y no conseguía localizarla, aunque oía su voz, angustiada.

El grito de Juanjo a babor me orientó.

—¡Sigue nadando! —le gritaba—. ¡Sigue nadando! —Empezó a bailotear por la cubierta cantando la canción de *Buscando a Nemo*—. ¡Sigue nadando, Dori! —reía.

Al momento arrancó el motor que, con el balanceo, tan pronto estaba dentro del agua como fuera, haciendo un ruido ensordecedor.

Juanjo viraba todo a estribor para salir del abrigo de la isla de las Gaviotas. El mar rompía contra los escarpados de la isla y en el intervalo entre dos olas divisé a mi madre, que había perdido el sombrero de paja. El pareo flotaba alrededor de sus brazos.

—¡Ahora te toca a ti! ¡A ver si eres tan lista! ¡Mira, Chinche! ¡Mira cómo nada, ya sé a quién has salido!

Le agarré de los brazos. No sé en qué pensaba.

—¡Para, idiota, para! —sé que grité. No recuerdo nada más, salvo un sabor metálico a sangre y un dolor agudo en el labio. La enorme manaza de Juanjo se agitaba en el aire.

Me tiré al agua, desesperado, le recuerdo asomado en la bañera alzando los brazos mientras el timón giraba sin control. Una ola ocultó la embarcación. Yo gritaba y no oía a mi madre gritar. Tras varios instantes que creí que serían los últimos de mi vida, alcancé a escuchar el sonido de un motor, débil, distante, y la voz de mi madre y, al poco, vislumbré a pocos metros un salvavidas, el mismo con el que había jugado con João. Mi madre, sujetándolo, me hacía señas. Nadé con desesperación hasta él, tardé lo que me pareció una eternidad porque, cuando estaba a punto de alcanzarlo, la cresta de una ola me elevaba y volvía a encontrarme en su seno, más lejos de mi objetivo. Escuché una voz que no entendía y me daba indicaciones. Al fin, la mano de mi madre me agarró por la muñeca y yo pataleé ferozmente para alcanzar el flotador. Jadeaba y mi madre lloraba, luego sentimos que tiraban de la cuerda del salvavidas, arrastrándonos. Al poco estábamos al costado de una barca rudimentaria en la que unos brazos tendidos nos ayudaron a subir. Me costó muchísimo porque la barca no paraba de balancearse y porque no tenía ningún punto de apoyo para impulsarme; tuve que sujetarme a un cabo y, cuando pude aferrar mi mano a la borda, los brazos de la persona que nos rescataba tiraron de mis piernas.

Finalmente lo conseguí. Luego, entre la mujer, que era la madre de João, y yo ayudamos a subir a mi madre al chinchorro. Escuché la voz de Belém, que nos hablaba en una mezcla de portugués y español, nos señalaba unos chalecos salvavidas e intentaba tranquilizarnos. Mi madre y yo nos abrazamos mientras Belém ponía rumbo al Meltemi.

Los brazos de mi madre me apretaban hasta impedirme la respiración. Entre dos olas vi la popa del Meltemi y a bordo a João, con chaleco salvavidas también y asegurado con un arnés, extendiendo la mano para ayudarnos a subir. Primero lo hizo mi madre, no sin esfuerzo, luego yo. Ambos nos desplomamos sobre la cubierta de madera de la bañera. El cielo sobre nuestras cabezas era plomo líquido. Tras nosotros, después de haber enganchado el chinchorro con unos enormes mosquetones a unas cadenas, emergió la figura de la madre de João, como una sirena, y vi cómo João y ella subían la auxiliar.

A LA DERIVA

El rostro de João estaba muy cerca del mío. Me hablaba, pero no le entendía. Miré alrededor y vi que su madre estaba en cuclillas, junto a la mía, le preguntaba cómo se llamaba y se presentó a su vez: Belém; su voz era sorprendentemente tranquila, aunque tras ella tan pronto veía solo cielo como nada más que mar, así de violento era el temporal que se nos había echado encima.

João desapareció de mi vista tras palmearme el hombro. Escuchaba las voces apremiantes de su madre y de él, hablándose sobre el ruido del mar. Le vi dirigirse a proa y luego afanarse en el aparejo, ágil como un mono, tirando de cabos y corriendo.

—¡¡¡*Dois*!!! —gritaba ella, mientras él maniobraba con algo que yo no conseguía distinguir en los extremos de la vela.

Solo alcanzaba a ver una maraña de mástiles y jarcias, y el cielo de color plomo. Una vela blanca, la más cercana al timón, la de mesana, fue desplegándose ante mis ojos. Se henchía y sentí que el barco se desplazaba. Luego miré a proa y vi que desplegaban otra vela, João me explicó después que se trataba del segundo foque.

Mi madre se había acurrucado en la bañera y João desapareció en el interior del barco y volvió a salir con dos toallas. Le tendió una a ella y luego se acercó a mí para ofrecerme la segunda. Me palmeó el brazo, al tiempo que me decía:

—¡Vamos adentro, Chinche! ¡Vamos!

Vi a mi madre junto a la de João. Esta le hablaba mientras llevaba el timón y mi madre se tapaba la cara con las manos; los sollozos le hacían sacudirse.

João pasó el brazo por mis hombros y me observó detenidamente. Tocó con los dedos la hinchazón que tenía en el labio.

Traté de reconstruir lo sucedido. Me incorporé. El barco de Juanjo se perdía en el horizonte y deseé con todas mis fuerzas que se fuera a pique.

Había empujado a mi madre por la borda... Solo su pareo, que flotaba por encima de ella, entre las olas, señalaba su posición. La vi emerger, aterrorizada. Oí gritar a Juanjo igual que me había gritado a mí por la mañana. Y yo no pude hacer otra cosa que tirarme al mar para reunirme con ella. Y ahora estábamos en el Meltemi. De no haber coincidido en el lugar de fondeo, ¿qué podía habernos pasado? ¿Nos hubiera dejado ahogarnos Juanjo? ¿Hubiera podido rescatarnos con el mar en esas condiciones? Era obvio que él no tenía ni la décima parte de habilidad que demostraban João y Belém en la navegación.

Me acerqué a mi madre. Le estaba diciendo a Belém con la voz quebrada que no tenía nada, ni las llaves de casa, ni su teléfono, ni documentación… todo se había quedado en el Chipirón.

—No importa —la tranquilizó Belém—, os llevaremos a puerto. ¿Santa Marina, Punta Serena, Carena?

No dudó ni un instante.

—Llévanos a Carena, por favor —le pidió—. Vivimos allí. Será más fácil para nosotros. Ya me ocuparé de recuperar todo… O no —dijo, con la voz y la mirada veladas.

Belém había maniobrado para quedar al abrigo del viento tras la isla, allí el barco no se movía tanto. Conectó el piloto automático.

—Todos adentro. Ahora tenemos un momento de respiro —dijo, con su acento que arrastraba un poco las eses y oscurecía el sonido de las vocales—. Tenéis que poneros ropa seca y tomar algo caliente.

Ella se quedó junto a la escotilla de entrada, vigilante, pendiente del comportamiento del barco. João le alcanzó un pantalón y un chubasquero impermeables que ella se puso sobre una camiseta y la braga del bikini.

Bajamos por una escalerilla al interior del barco, aturdidos, sin poder asimilar aún los últimos acontecimientos, y al ver el recinto en el que se abrían los camarotes, los dos nos quedamos petrificados. Nunca hubiéramos podido imaginar algo tan impresionante: dos enormes sofás circulares con mullidos cojines de color naranja rodeaban una mesa abatible fija al suelo. Tras los sofás se alineaban armarios de madera labrada. A un lado, como había apuntado mi madre, había una cocina con fregadero, fogón, horno y más armarios. De uno de los paneles de madera colgaban tres guitarras: una española, una acústica y la última, eléctrica. João nos explicó riendo que eran la Niña, la Pinta y la Santa María.

—Eran de mi padre —aclaró—. Ahora las toco yo.

Le miré lleno de admiración y me adelanté para seguir inspeccionando el interior del barco, sin poder reprimir la curiosidad.

En un estante asegurado por una barra dorada, se alineaban libros.

Uno de los camarotes estaba entreabierto, la puerta golpeaba y João se apresuró a cerrarla, pero antes pude ver que dentro había dos literas perfectamente hechas y, tras ellas, un estante corrido con ropa doblada con primor, como si estuviera enrollada.

Al otro lado del hueco de la cocina había una mesa amplia con un mapa desplegado, un cuaderno, un bolígrafo sujeto por una cadena y una radio. Todo estaba reluciente, ordenado. El interior del Meltemi era más espacioso y acogedor que nuestra propia casa. Mi madre tampoco podía ocultar su admiración.

João se dirigió a uno de los tambuchos de la cocina y sacó un par de tazas; de otro, un cazo y puso en el fogón a calentar agua que vertió de una garrafa.

—¿Café, té? —preguntó, mirándola primero a ella.

—Café —dijo, tras dudar un momento.

Luego, mi madre miró a Belém y extendió la mano abarcando la estancia.

—Esto es… Es precioso. Es… es una casa como Dios manda. ¡Ya quisiera yo tener una casa así! Y todo está tan recogido, tan… cuidado…

Belém sonrió y cruzó con João una mirada de complicidad.

—A son de mar —puntualizó.

—¿Y eso qué significa? —preguntó mi madre.

—En tu casa, el suelo no se mueve. Si olvidas poner algo en su sitio, estás segura de que lo encontrarás donde lo dejaste, pero en el mar no es así. Cada cosa fuera de su lugar es un peligro en potencia. Si no guardamos debidamente, por ejemplo, una botella de aceite lo más probable es que se acabe cayendo y vertiendo. La vida a bordo exige una disciplina de orden muy dura.

Mi madre asintió, como aturdida.

Belém esperó a que João sirviera el café y un té y le hizo una seña. Él la relevó junto a la escotilla de entrada en el puesto de vigilancia. Ella se dirigió al camarote de proa, sobre el que se derramaba una luz gris y como sucia a través de la lucerna. Una enorme cama para dos personas se desplegaba estrechándose hacia proa. Levantó una tapa lateral y estuvo rebuscando hasta que salió con un bikini en la mano, una chaqueta de lana amplia y un pareo y se los tendió a mi madre.

—Puedes venir a cambiarte aquí —le dijo, abriendo una puerta y señalando un baño.

Mi madre musitó un «gracias» casi inaudible y la obedeció.

Luego, Belém se ocupó de mí. Buscó unos bermudas y un jersey, y abrió la puerta de un segundo baño.

—Tú, aquí.

El baño tenía lavabo, un desagüe en el suelo y un inodoro con muchísimas palancas. Vi que el grifo del lavabo era una alcachofa de ducha extraíble. Había un jabón de manos que parecía de ámbar, no gel, y varias pomadas en un estante. En la falta de geles, champús, cremas, desodorantes y demás productos de higiene también se diferenciaba de mi casa, donde en un único baño se apilaban los envases de plástico y cristal y todo lo inundaba un fuerte olor a perfume. De un gancho tras la puerta colgaba un albornoz oscuro que debía de ser de João. Pensé que, en el otro baño, el de su madre, estarían acumulados todos los productos sin los que mi hermana y mi madre no podrían vivir, pero, según mi madre me contó después, me equivocaba. Únicamente había jabón, crema solar y un botiquín.

Oí que mi madre abría y cerraba la puerta del baño que había ocupado y a continuación salí yo; a duras penas había podido ponerme los bermudas cuya goma me apretaba en la cintura como si me la estrangulara. João volvía a estar en el espacio reservado para la cocina y Belém apuraba su taza de té, con medio cuerpo en la bañera y medio cuerpo dentro, de nuevo vigilando que avanzásemos con seguridad. El barco estaba equipado con un instrumental impresionante. Había pantallas que mostraban el rumbo, la dirección y velocidad del viento, los nudos a los que navegábamos, la profundidad.

—Poneos cómodos. Llegaremos por la noche.

—¿Por la noche? —Mi madre sacudió la cabeza—. ¿Tan lejos estamos? ¡Si hemos llegado esta mañana al islote después de haber pescado y todo en muy poco tiempo! ¿Cómo vamos a tardar tantas horas?

Ni João ni Belém respondieron, les vimos cruzar una mirada de entendimiento. Ella tendió a su hijo la taza y salió para trimar velas y corregir el rumbo. João recogió también la taza de café, se dirigió a la pila, vertió una cantidad insignificante de agua en ellas, apenas una gota, las fregó con estropajo que frotó contra otra pastilla de jabón y aclaró solo el interior. Luego las secó concienzudamente y volvió a colocarlas en su sitio. Mi madre lo miraba como hipnotizada. Se había sentado en el extremo de uno de los sofás y se acurrucó en la chaqueta, que parecía muy cómoda. Me fijé en que los botones que ella manoseaba, distraída, tenían una apariencia extraña: eran pedazos de coral.

Hacía un poco de frío. El Meltemi se movía mucho, de cuando en cuando daba pantocazos, sacudido por las olas, y no solo la lluvia caía sobre los portillos, también salpicaduras de espuma. Belém, protegida por la capota antirrociones, se había puesto un gorro impermeable.

El ruido de la lluvia, el viento y el fragor continuo del mar mitigaban el silencio de la cabina. Mi madre suspiró ruidosamente y paseó la mirada por el interior.

—Me ha dicho Miguel que vivís aquí —dijo, dirigiéndose a João—, solos los dos. Imagino que será en vacaciones.

João negó con la cabeza.

—Siempre. Siempre vivimos aquí.

Mi madre volvió a pasear la mirada alrededor.

—¡Por Dios, qué claustrofobia! Pase en verano, pero ¿también en invierno y con días como el de hoy? Hay que reconocer que el barco es precioso, y muy cómodo, pero no poder salir ni a dar una vuelta… ¡Y qué solos! ¿No te aburres?

João la miró, como si fuera incapaz de comprender sus palabras.

—Amarramos en puerto cada dos o tres semanas —le dijo— y hablamos con nuestros amigos, por radio, y a veces nos citamos en algún sitio y nos abarloamos…

—¿Qué?

João procedió a explicarse con una paciencia infinita, ya era consciente de que éramos unos absolutos ignorantes en lo que concernía a la vida en el mar.

—Unimos los dos barcos por la popa y pasamos de uno a otro. A veces hasta fondeamos así un par de días. Comemos en un barco, cenamos en otro, compartimos e intercambiamos provisiones…

Se oyó como un crujido en la mesa de cartas y a continuación una voz por la radio. João se llevó un dedo a los labios para imponer silencio y escuchó con atención:

—Sepia llamando a Albura. Sepia llamando a Albura. ¿Me copias?

João dio un salto y corrió a la mesa de cartas no sin antes avisar a su madre:

—¡Es Jimmy!

Tomó la radio y habló a su vez:

—Aquí Albura. Te copio.

—Pasamos al canal seis.

Pero yo vi que no pasaba al canal seis. Consultó una tabla y conectó después con el canal dos.

—Aquí Albura, Sepia, desde el suroeste del islote de las Gaviotas.

—¿Todo bien?

—Todo bien, náufragos a bordo —respondió João. Yo me estremecí. Los náufragos éramos nosotros. Sorprendentemente, la voz no pidió detalles.

—¿Qué rumbo vais a tomar?

João nos miró y bajó los ojos hacia las cartas marinas desplegadas en la mesa.

—Voy a llamar a Belém —dijo, con cautela.

Salió al exterior aún con su chaleco salvavidas que era como un delgado cordón que llevaba ajustado por múltiples trabillas, relevó a su madre en el timón tras asegurarse mediante un mosquetón y Belém bajó ágil, chorreando agua, se quitó el gorro, que colgó de un gancho junto a la escalerilla, y se sentó en la mesa de cartas con el rostro hacia la pared y hablando casi en susurros.

No podíamos entenderle nada. Comenzó a hablar en inglés mezclado con portugués, según me pareció. Por un momento lamenté no ser un genio, no haber prestado más atención en las clases para enterarme de lo que sucedía, porque me daba la sensación de que, pese a su aparente calma, algo no terminaba de ir bien.

Cuando pronunció «cambio y aguarda», Belém se volvió despacio hacia nosotros.

—Han denunciado vuestra desaparición.

Su rostro dejaba traslucir una tensión preocupante. Se hizo un silencio solo interrumpido por el constante batir de las olas y el crujido de la radio. Mi madre estaba aturdida. No entendía qué sucedía.

—¿Denunciado? ¿Quién puede…?

De repente guardó silencio y me pareció que se hundía, que perdía pie y las consecuencias de todo lo que había sucedido la abrumaban de repente.

—¿Será… hi… bastardo? ¡Él me tiró al agua, y luego a Miguel! ¡Yo le denunciaré! Di dónde estamos, di que nos has recogido. ¡Explicaré lo que ha sucedido y que habéis sido vosotros quienes nos habéis salvado!

Yo traté de intervenir, de aclarar a mi madre que Juanjo no me había tirado, que fui yo quien se arrojó al agua cuando la vi entre las olas, pero ella había perdido por completo el control.

—… de no haber sido por vuestra ayuda ahora estaríamos probablemente en el fondo del mar. Estoy segura de que no hubiera regresado a por nosotros y, de haberlo hecho, no hubiera podido rescatarnos. Me siento tan… tan…

Se echó a llorar, desconsolada, histérica al principio, desamparada después. Belém la miraba con compasión, pero una sombra de preocupación le nublaba el rostro. Vi que João no se había enterado de nada. Seguía al timón, seguro, impasible. Yo me sentía más y más incómodo.

Belém me hizo una seña, yo no comprendí al principio, pero me di cuenta al fin de que me pedía que me acercara a mi madre. Lo hice y la abracé, ella se sintió confortada y oí que Belém continuaba hablando por la radio, hasta que finalmente pronunció un cambio y corto seco, cortante.

Se dirigió al baño y volvió con un puñado de pañuelos de papel que tendió a mi madre; esta levantó hacia ella sus ojos arrasados en lágrimas.

—Me ayudarás, ¿verdad? Vendrás conmigo a comisaría y contarás lo que ha pasado, ¿no es cierto?

Belém se inclinó sobre ella, le apartó un mechón de la cara y guardó silencio.

—No vamos a dejar que ese malnacido se salga con la suya... Va a pagar por lo que hizo.

Yo me sentía cada vez peor. No sabía qué estaba sucediendo, pero presentía que algo raro pasaba, que la actitud de Belém había cambiado.

Se incorporó y nos miró; habló despacio, arrastrando las palabras.

—Os van a esperar en el puerto de Santa Marina. En unos instantes radiarán que una embarcación os ha recogido, una embarcación que, en realidad, no existe.

Mi madre se quedó pálida, conteniendo la respiración. Belém prosiguió:

—Seguiremos con nuestro plan original. Os llevaremos al puerto de Carena. Fondearemos en un lugar seguro y os acercaremos con el chinchorro. Os dejaremos en el muelle más cercano a la gasolinera y desde allí iréis a comisaría para que sepan que estáis, efectivamente, vivos y a salvo, pero no mencionaréis que hemos sido nosotros quienes os recogimos, no pronunciaréis nuestros nombres ni el de nuestro barco, no nos citaréis para que demos testimonio ni declaremos. ¿Comprendéis?

Mi madre fue a abrir la boca, pero Belém no le permitió pronunciar ni una palabra. La miró con dureza y zanjó:

—No puedo tener nada que ver con la policía.

Miré a mi madre alarmado, estupefacto. Vi que ella fijaba en Belém sus ojos aterrorizados.

—Así que —balbuceó— Juanjo tenía razón. Sois contrabandistas o algo peor. ¿Dónde está la persona que escondéis? —dijo, apretándose los labios con la mano en la que aún conservaba, arrugados, los pañuelos de papel.

—¿Qué estás diciendo, mujer? —preguntó Belém, indignada—. Ni somos contrabandistas ni llevamos a nadie escondido a bordo. Si no quiero tener nada que ver con la policía ni con las autoridades es porque no puedo permitírmelo. Dos veces han intentado obligarme a que me quedara en tierra, a que escolarizara a João. No somos delincuentes, simplemente no quiero vivir como una esclava. Mientras estamos en el mar, nosotros somos dueños de nuestras vidas, pero en cuanto desembarcamos estamos prisioneros de una maraña absurda de normas y valores que no compartimos. Una cosa es salvaros la vida, otra que, por ello, nos obliguen a renunciar a la nuestra y a acatar otra que no queremos.

Mi madre miró de repente a Belém como si estuviera muy enfadada con ella. A mí se me encogió el corazón. Fue a hablar, pero me miró y algo la disuadió de continuar. Movió la cabeza a uno y otro lado y susurró:

—Juanjo lo dijo, lo dijo. Dijo que sois unos antisistema o traficantes o algo así…

—Pues su denuncia tiene entonces sentido —musitó Belém—. No solo le salvaba a él de la sospecha de haberos abandonado, es que sabía que nosotros no refrendaríamos vuestra historia y que nos estaba haciendo daño. Ese tipo no es trigo limpio. Debería preocuparte más lo que os ha hecho él que el que nosotros vivamos a nuestro aire. —Belém se pasó la mano por el cabello, que caía por debajo de sus hombros, nos miró un instante y anunció—: Os llevamos a puerto, pero ni una palabra de este barco ni de nuestra existencia. ¿Entendido?

Mi madre asintió y yo también lo hice, tragando saliva. No teníamos elección. Tras asegurarse de que habíamos comprendido, Belém se dirigió a la escotilla, salió a cubierta y relevó a João en el timón. Este se quedó junto a ella, asegurado aún. No los vimos hablar, pero daba la sensación de que se entendían sin necesidad de hacerlo.

Mi madre se volvió hacia mí:

—¡Pobre criatura! ¿Imaginas? Es como si viviese secuestrado por su propia madre.

Yo me estremecí. ¿Qué clase de vida vivía João sin compañeros, sin amigos, sin televisión ni consola?

Entonces me pareció que Belém era un monstruo de egoísmo y, aún peor, estábamos en sus manos. Me sentí mal, como si me hubieran estafado.

UNA RED INVISIBLE

Ya era noche cerrada cuando avistamos las luces de Carena, luces que ascendían desde el puerto y el hotel Pleamar hasta la zona residencial, donde, a diferencia del invierno, había muchas casas ocupadas, en los bloques de los apartamentos para veraneantes. Belém dirigió el Meltemi al paso entre la luz verde y la luz roja de la bocana del puerto.

Yo había pasado el tiempo tras la conversación por radio, desde que João finalmente volvió al interior, salvo para atender breves requerimientos de su madre, hablando con él. Me enseñó sus guitarras. Rasgueó y tocó la española y la acústica. Cantó un poco. Me propuso jugar a las cartas, pero yo no conocía ningún juego. Mi madre nos miraba sumida en un silencio hosco.

Yo me sentía a gusto con João, en el Meltemi, a pesar del ánimo apesadumbrado de mi madre y de las circunstancias que nos habían llevado a bordo, aunque me parecía raro lo de la policía y lo que Belém nos había dicho. El barco era muy confortable, mucho más que mi propia casa. Era más amplio, estaba más limpio y tenía la sensación de que había muchas más cosas que hacer que en el piso en el que habitábamos que, si lo pensaba detenidamente, era más grande y, sobre todo, permitía la posibilidad de entrar... y de salir.

João se ocupó de preparar cena para todos. Como el movimiento en el barco era constante, no cocinó, pero sirvió a cada uno un plato con maíz y pescado frío adobado de una forma que yo no conocía. Salió a cubierta para relevar a Belém en el timón para que ella pudiera tomar un bocado y Belém engulló su ración con rapidez, sin hablar con mi madre.

Antes de regresar a la bitácora, se inclinó ante la mesa de cartas y sacó una radio portátil que encendió y por la que llamó de forma misteriosa a otro barco, supuse. De nuevo no pronunció el nombre del Meltemi, sino Albura. Cuando franqueaba la escotilla, me pareció oír que contestaba una mujer. Chinchorro entró para cenar y luego se ocupó de recoger lo que habíamos ensuciado, así que no pudimos enterarnos de qué sucedía.

João encendió luces en la cabina. Luces como las lámparas de nuestra casa, pero encastradas en el techo, que se accionaban una a una con un interruptor. Le pregunté cómo era posible que tuviéramos electricidad. Él respondió que el barco cargaba las baterías con placas solares. Yo no me lo creí. No había sol. Debí de poner cara de extrañeza, porque mi madre me dijo que lo que hacían las placas era cargar de energía las baterías para que funcionaran cuando hacía falta, pero que no era necesario que hubiera sol.

De hecho, la utilidad de cargar esa energía era para cuando no había sol, precisamente.

Un parte meteorológico anunciaba temporal para la noche.

Cuando franqueamos las luces de las balizas señalizadoras del puerto de Carena, Belém lo anunció y mi madre trató de salir a cubierta, pero hacía mucho frío y Belém se lo impidió.

Casi siempre sucedía que, en fiestas, una noche no paraba de llover, aunque fuera verano; yo pensé que era precisamente esa y que era providencial, porque Belém y João querían pasar desapercibidos y, además, a lo mejor nos librábamos de que cayera un buen chaparrón la noche de los fuegos artificiales, para la que aún faltaban cuatro días.

Por radio se escuchó una nueva llamada y Belém cambió de canal. Yo no oía con claridad, pero vi que mi madre se volvía a mirarme y en su rostro se pintaba algo muy parecido a la sorpresa.

Eran casi las once cuando escuchamos otra vez la voz de mujer que indicaba hacia dónde debía dirigirse el barco. João subió a cubierta, junto con Belém. Salió con una especie de pértiga, muy larga y robusta, a la que llamó bichero. Mi madre y yo nos quedamos en el interior del Meltemi, esperando.

Habían arriado las velas y avanzábamos a motor, muy despacio. Belém iba al timón y yo oí los pies de João cruzando a toda prisa la cubierta hasta alcanzar la proa. Hubiera dado cualquier cosa por salir, pero mi madre me retenía a su lado apretándome la mano muy fuerte.

Desde la dársena se oía la misma voz de la radio, una voz que me resultaba familiar; João saludó, alegre. Belém terminó de maniobrar y se dispuso a reunirse con las voces que conversaban, animadas, no sin antes advertirnos que podíamos salir. Mi madre me miró, me revolvió el pelo y me di cuenta de que estaba agotada, subió los escalones a cubierta como si esa tarde le hubiesen caído veinte años encima. Al mirar a proa se llevó una mano a la boca y exclamó:

—¡Elisa!

Se trataba de la madre de Guille, que atendía la gasolinera del puerto, donde repostaban combustible tanto los barcos como los coches.

Elisa sonrió un poco tensa y subió a cubierta. Me sorprendió que abrazara a mi madre, a la que conocía, pero con la que no tenía demasiada confianza.

—¡Carmen, Chinche! ¿Estáis bien? ¡No sabes la vuelta que me dio el cuerpo cuando oí lo de la desaparición en el mar! Solo yo sé por aquí que habéis estado en apuros, pero vais a tener que ir a comisaría de inmediato, antes de que corra la voz. En Santa Marina no tardarán en comunicar la alerta. Os esperaban ya hace horas y no paran de lanzar llamadas para verificar que estáis a salvo. Antes de que salgan los de Salvamento, tenéis que dar señales de vida o se pondrán en riesgo otros por encontraros.

—Pero ¿cómo…? —Sé que mi madre iba a preguntar a Elisa cómo podía ser que estuviera al corriente de todo, pero creo que se dio cuenta, igual que yo, de que la voz femenina que habíamos oído la última parte de la travesía era la suya. Y también cayó en la cuenta de que João había asegurado que la conocía y me lo había dicho. Elisa debía de formar parte de esa red invisible de amigos, cómplices de su condición de fugitivos, con la que se habían estado comunicando.

Mi madre guardó silencio y se volvió a Belém, que seguía enfundada en su pantalón y chubasquero impermeables de color rojo y a la que iluminaba la tenue luz de una farola, velada por la llovizna.

—No te preocupes. No diremos nada. Nada.

Abrazó a Belém, primero discretamente, luego con más fuerza y vi que por sus mejillas resbalaban dos lágrimas, pero estaba serena.

—Gracias —dijo la madre de João, correspondiendo al abrazo.

—¡Gracias a ti! ¿Cómo podré pagarte lo que has hecho por nosotros? Te debo todo ahora mismo, Belém, y ni siquiera sé si voy a volver a verte nunca más.

Yo me volví hacia João, que estaba muy serio, asegurando una de las amarras al noray. Se hacía el distraído. Me acerqué a él.

—¿No voy a verte más?

João se encogió de hombros. Me miró y vi que en sus ojos había una tristeza indefinible.

—Es difícil, Chinche —dijo, y sonrió al pronunciar mi apodo, para conjurar nuestro encuentro, para hacerlo especial. Yo también sonreí y él prosiguió—: Chinche, como chinchorro. ¿Sabes qué es un chinchorro? —Yo negué con la cabeza—. Un chinchorro es eso. —Y señaló la embarcación auxiliar con la que nos habían rescatado—. Sirve para desembarcar, para reparar cosas que se estropean en el barco y hasta para salvar vidas si se presenta la ocasión.

—Pero eso no es igual que una chinche —le respondí—. Una chinche es como una mosca, pero mucho más molesta. Si duermes en una cama con una chinche, no puedes parar y te levantas lleno de picotazos. Son una plaga, lo más molesto del mundo. Por eso me llaman chinche, porque lo único que hago es incordiar.

João sonrió, haciendo como que no entendía.

—Tú eres Chinchorro —añadí, sin poderme contener. Y le abracé a mi vez, pillándolo por sorpresa. Le solté igual de rápido y fui donde mi madre se despedía de Belém.

—No te puedo dar mi teléfono. No sé si recuperaré el número o acabaré comprándome un teléfono nuevo. Pero...

Mi madre miró a Elisa que, a un lado, se cruzaba la chaqueta sobre el pecho. El viento revolvía los mechones de su pelo mojado y tenía las mejillas enrojecidas.

Ella asintió.

—Yo se lo haré llegar. No te preocupes, Carmen. Ahora tenemos que ir a comisaría. Os acompañaré. —Se acercó a Belém y le apretó el brazo—. ¿Por qué no aprovechas para repostar agua dulce? Esto va a estar desierto y si llega otro barco, no vendrá a esta zona del puerto. —Se quedó pensativa un momento, luego hurgó en su bolsillo y le tendió unas llaves—. Aprovecha también para repostar combustible, y lo que necesites de lo que hay en la gasolinera. Tardaremos un buen rato en comisaría. No enciendas las luces.

Belém sonrió.

—Te dejaré el dinero donde siempre —asintió Belém con una sonrisa de agradecimiento.

—No te preocupes. Si no es hoy, ya será. Ya sabes... —añadió enigmática.

Mi madre se volvió una vez más para despedirse.

—¿Puedo ofreceros que durmáis hoy en mi casa? El mar está imposible. No vais a salir en una noche así...

El rostro de João se iluminó, miró de reojo a su madre, expectante, pero Belém negó suavemente.

—Tenemos que estar lejos de aquí en un par de horas. Cuando aparezcáis, me juego el cuello a que la policía patrullará por el puerto. No podemos.

Me di cuenta de que Elisa miraba a João, de cuyas facciones desaparecía la alegría.

—Tiene razón Carmen, Belém —intervino Elisa—. Es una noche de perros. ¿Por qué no vais con ellos? No ha sido un día fácil para ninguno. Una ducha y una cama calientes, ocuparte mañana, tranquila, de repostar... Una tormenta es una excusa perfecta para que un barco duerma en puerto. Mira, no eres la única. Hasta que esto no se calme va a haber jaleo y podéis pasar desapercibidos perfectamente. Hay más: está Mistress Cat, el Fragola...

Elisa señaló varios barcos. Las luces del interior estaban encendidas en algunos; en otros, apagadas.

—Casi todos han ido llegando desde las siete de la tarde. Algunos de los que se han refugiado aquí se han dirigido al hotel para pasar la noche; otros ya descansan, seguros.

Belém volvió a negarse.

—Es imposible. Ese hombre denunció. Seguro que ha dado el nombre del barco. Tenemos que irnos cuanto antes.

Fue entonces cuando yo intervine:

—Nosotros podemos decir un nombre inventado... El... El... Bacalao, por ejemplo. ¿Qué va a hacer Juanjo, va a venir a decir que mentimos? No creo que le volvamos a ver el pelo...

Mi madre miró su reloj. La esfera se había llenado de agua y estaba parado.

—Negaremos todo lo que Juanjo haya podido declarar. ¿El Bacalao? —Me sonrió—. Me parece perfecto.

—Esperadnos dentro de la gasolinera —propuso Elisa—. Cuando terminemos, pasaremos a buscaros y os llevaré a casa de Carmen.

—No tengo llaves —gimió mi madre, avergonzada—, pero Inés ya estará allí... Al menos eso espero. Voy a buscar un...

Elisa le tendió su teléfono.

—Ve llamándola. No podemos esperar más. Vamos a comisaría.

Me contuve para no dar saltos de alegría. Miré a Belém esperanzado. João también la miraba, aguardando un «sí» de su boca.

Las luces tendidas de un extremo al otro de las calles, ancladas en los edificios para iluminar las fiestas, parpadeaban bajo la lluvia y alumbraban los paseos y rincones solitarios, como velas de una tarta que esperan a los invitados a punto de entrar.

—¡Vamos, Belém! ¡Un día, un solo día! ¿No confías en mí después de tantos años? —medió Elisa, mientras nos empujaba suavemente hacia su coche—. Usad el baño y servíos lo que queráis. ¡Un día, Belém, un solo día!

Vi a João volverse hacia su madre, suplicante, yo no podía pensar en otra cosa que en prolongar los descubrimientos que había hecho a lo largo de las últimas horas. Estaba seguro de que João escondía aún una enormidad de secretos. Y compartir con él mi habitación, aunque de pronto me sintiera avergonzado de ella, y mis juegos, las cosas que había visto que él no tenía, me parecía el colmo de la felicidad. Una sobrada compensación a las experiencias amargas del día más largo de mi vida.

—Y tú, Miguel —dijo Elisa, mientras cerraba la puerta de su coche viejo y desvencijado, y mirando también a mi madre, muy seria, que no se dio cuenta porque marcaba en el teléfono de Elisa el número de mi hermana—, más te vale que sepas guardar un secreto.

Miré por la ventanilla. João y Belém discutían en la dársena, junto al Meltemi. Cerré los ojos y crucé los dedos, asintiendo a Elisa que me miraba por el retrovisor.

—Te lo juro, Elisa.

—Cuando hablo del secreto, no solo hablo de la policía, tampoco quiero que le comentes una sola palabra a Guille o te arrepentirás.

Volví a asentir. Crucé los dedos encima de mi boca y ella movió la cabeza afirmativamente y puso el motor en marcha.

Mantuve mi palabra.

He guardado en silencio esta historia hasta hoy. Y si la escribo es con la esperanza de romper las páginas en las que la vuelco antes de terminarla.

RESACA

Desde que desembarcamos había empezado a sentirme mal. Un fuerte mareo me hacía caminar dando bandazos. Tenía la sensación de que el suelo, los edificios, y luego el despacho en el que el cabo Viñas nos hizo sentarnos, se movían violentamente, como si todo Carena estuviera sacudido por las olas, como si la tierra fuera una enorme extensión flotante, y no fija.

No tardamos mucho. Declaramos que habíamos caído al agua los dos, primero mi madre y luego yo, que Juanjo no había podido regresar a por nosotros porque el mar lo zarandeaba. Pero había cerca un barco que nos pudo recoger.

—¿Qué barco? —inquirió el cabo mientras tecleaba rápidamente nuestra declaración.

—Bacalao —dije yo, con una seguridad que hizo a Viñas levantar los ojos del teclado y mirarme sobre sus gafas.

—Bacalao o Bacalar o no sé qué, porque es que ni lo vimos —aseguró mi madre, mucho más astuta que yo.

Ella insistía una y otra vez en que estábamos conmocionados. Dijo que a bordo del barco iban tres hombres y dos mujeres y que nos habían desembarcado en la auxiliar y dejado junto a la gasolinera, donde nos encontramos con Elisa.

—¿Se volvió a hacer a la mar? —preguntó Viñas, levantando mucho las cejas y arrugando la frente, que se le unía con la calva—. ¿Con este temporal?

—Pues no sé. Eran extranjeros. No entendíamos qué decían.

—¿Bandera? —inquirió él aún.

—¿Inglesa o algo así? —dudó mi madre, como si estuviera agotada—. Algo de eso, pero no puedo estar segura. ¿Imagina lo que es encontrarse en una situación como la nuestra? En un lado de la bandera estaba la inglesa, más pequeña.

—¿Australiana? —inquirió Viñas, incrédulo, y tecleando con desconfianza—. ¿Bacalao y australiano?

Mi madre solo esbozó un gesto de impotencia, como si el incidente hubiera sido tan traumático que padecíamos una amnesia severa.

—Ya le dije, no puedo estar segura.

Lo mejor fue que Viñas advirtió al momento a Santa Marina de que estábamos a salvo y nadie más corrió peligro por nuestra culpa aquella noche.

Lo de no denunciar que Juanjo la había tirado al agua fue idea de mi madre, porque de ese modo se sentiría en deuda y siempre podría amenazarlo con contar la verdad si decía una sola palabra del Meltemi. Viñas insistió en que fuésemos al centro de salud para que nos hicieran un reconocimiento, pero mi madre dijo que nos acercaríamos al día siguiente, que estábamos agotados y lo único que queríamos era llegar a casa cuanto antes, que Inés estaría inquieta.

Elisa nos esperaba a la entrada de comisaría y nos llevó en su coche hasta nuestro portal. Nos prometió que regresaría al puerto y que, si Belém finalmente había accedido, los llevaría a ella y a Chinchorro con nosotros, pero que como la conocía un poco, sospechaba que no se separaría del barco.

Cuando llegamos a casa, Inés nos abrió la puerta de mal humor, como si la hubiéramos interrumpido mientras hacía algo muy importante, pero, por lo que vimos, hasta ese momento había estado tumbada en el sofá, con un cuenco de palomitas delante y la pintura de los ojos corrida, mientras veía una película de amor.

—¿De dónde venís con esas pintas y esas caras? —dijo, la muy ignorante—. Ah, por cierto, luego me dices a mí —añadió, encarándose con mi madre—, pero no me has contestado una sola llamada desde esta tarde.

—Era francamente difícil —respondió mi madre, cortante—. Lo primero, he perdido mi teléfono; lo segundo, dudo que tuviésemos cobertura de haberlo tenido conmigo; lo tercero, tampoco tú has respondido cuando te llamé desde el teléfono de Elisa.

—¿Elisa? ¿Qué ha pasado? ¿Cómo has perdido tu teléfono?

Mi madre movió la cabeza negativamente, como si la explicación fuese a exceder sus fuerzas, se dirigió al sofá y apartó la manta arrugada, bajo la que apareció el teléfono de mi hermana, en silencio y con la lista de llamadas perdidas.

Se dejó caer y echó hacia atrás la cabeza.

—¡Vaya careto que tienes, Chinche! —dijo mi hermana, mirándome a mí y riéndose—. Pareces un muerto.
—Estoy mareado.
—También yo —respondió mi madre, echándose a un lado en el sofá para hacerme un hueco—. Ven a sentarte, Miguel. Descansa un poco. ¿Quieres tomar algo?
Ya hacía mucho que habíamos cenado. Me acerqué tambaleándome un poco y cogí un puñado de palomitas del cuenco de mi hermana. Me desplomé en el sillón. Miré alrededor. El salón me daba vueltas y, a medida que iba reconociendo el desorden, me di cuenta de que estábamos al borde del naufragio. Todo estaba revuelto. Si nuestra casa fuera un barco, ya nos habríamos ido a pique.
Me dirigí a mi madre, aún con la boca llena de palomitas.
—Tenemos que recoger un poco. Ahora vendrán João y Belém y no querrás que vean esto así.
Mi madre cerró los ojos y se pasó los dedos por las cejas, como si las peinara.
—No vendrán, Miguel.
—¿Quién va a venir o a no venir? —preguntó Inés, dejándose caer en el sofá a su vez con brusquedad.
—Una gente que hemos conocido en el puerto —dije, ante la mirada alerta de mi madre—. Los ha pillado el temporal y mamá les ha ofrecido quedarse aquí esta noche.
—¡A ver qué iba a hacer, hija! —dijo mi madre, para disipar la extrañeza que se pintaba en el rostro de Inés—. Ha sido un día muy duro. Nos caímos del barco de Juanjo, no pudo volver a por nosotros. —Mi hermana iba saliendo de su ensimismamiento y abriendo los ojos a medida que mi madre proseguía con su fantástica enumeración—. Nos recogieron, por suerte, del agua y nos metieron en un barco.

Nos trajeron a puerto y vi a esa madre y a ese chico solos, en un pantalán, con la que está cayendo. Y...

—¿Que os ha pasado qué? —interrumpió Inés, con cara de incredulidad.

Fue entonces cuando se fijó en mi madre, que llevaba la ropa que Belém le había prestado.

—¿Y eso que llevas puesto?

Mi madre, de repente, pareció caer en la cuenta.

—Tengo que devolverlo. No lo había pensado. Tal vez... Si vienen...

Se levantó del sofá como un autómata y se dirigió a su habitación.

—Y si vienen, ¿cómo dormimos? —pregunté, a voces.

Inés miraba desconcertada a mi madre.

—Miguel, lo mejor sería que tú durmieras en la habitación de Inés, con ella, y les dejamos a ellos la tuya...

Miré el reloj. Había pasado más de un cuarto de hora desde que Elisa nos dejó en la puerta. Ya deberían estar llegando. Todo en Carena está a tiro de piedra.

Salí al balcón, desde el que, asomándome por un extremo, podía ver la calle de subida. No vi ningún coche. Un edificio un poco más abajo tapaba la vista del puerto. El horizonte se seguía moviendo. A lo lejos, ráfagas de relámpagos encendían la noche y el mar bramaba en la oscuridad.

—¿Qué haces, Chinche? —preguntó Inés, desde la puerta de la terraza.

—Miro a ver si vienen —dije, estremeciéndome con un escalofrío que me sacudió de pies a cabeza.

—Pareces un pollo mojado y, anda, quítate esos bermudas, los vas a reventar —se rio Inés—. ¿Os caísteis del barco de Juanjo? ¿Cómo no me llamasteis para decírmelo? Ya sois torpes. Y tú casi no sabes nadar.

Mi hermana podía ser por aquel entonces muy cruel, pero me di cuenta de que estaba impresionada con nuestra aventura.

—¿Pero no has oído que mamá perdió el teléfono? —casi le grité.

—¿Quién os recogió? ¿Pescadores? —Al momento negó ella sola—. No, no puede ser. Mamá no hubiese vuelto con esa facha ni tú vestido así… ¿Una familia? Me imagino que por las pintas que traéis no sería un yate de millonarios…

Inés siempre ha tenido la manía, entonces y ahora, de armarse sus propias historias, de interpretar signos y señales y deducir de ellos hechos absolutamente falsos. Solo le importaban ella misma y sus cuentos, a veces bastante vulgares. Aunque era una de las chicas más guapas del instituto con sus ojos color azul desvaído, llevaba el pelo rubio con un mechón azul y gargantillas que parecía que la iban a estrangular, e iba tan pintada y tan artificial como un maniquí. Ella no se daba cuenta del ridículo que hacía con sus pantalones tan ceñidos, sus camisetas de tirantes tan cortas que no llegaban a taparle el ombligo. A los chicos los enloquecía, pero a mí me producía cierta vergüenza.

Volví a asomarme por la barandilla esperando ver subir las luces de un coche, pero la calle seguía desierta.

No quería contestar las preguntas de mi hermana, por si mi madre contaba algo distinto, de modo que me solté y tambaleándome un poco, la empujé hacia el salón de nuevo.

—Pareces un marinero borracho —se burló Inés.

—Me voy a mi cuarto. Me encuentro mal y estoy cansado. Ya te contaré mañana —le respondí.

—Pues si a mí me hubiera pasado lo que a vosotros, yo no querría más que contarlo. Estaría nerviosísima. —Inés me iba siguiendo hasta mi habitación. Vi que mi madre se había cambiado de ropa y salía al distribuidor.

—Déjale ya, Inés. Está agotado. —Y mirándome a mí, añadió—: No sé qué hacer, si esperar un rato más o irme a la cama. Mañana tengo que madrugar para ir al trabajo y va a ser un día muy duro si despeja un poco. Con las fiestas... Ni sé a qué hora voy a aparecer por casa...

—Yo espero —propuse—. Si vienen, te despierto, pero no se ve ningún coche. Ni siquiera las luces.

—Me siento tan mal... Todo se mueve y tengo como náuseas. —Mi madre se llevó el brazo al estómago. Parecía abatida, tenía muchas ojeras.

—Vete a la cama, anda —le dije.

—Hasta mañana. —Se acercó a mí y, pasándome el dedo por el labio un poco hinchado, susurró—: ¿Estás bien, Miguel?

Asentí, era verdad, no me dolía el labio hasta que ella lo tocó, solo me sentía mareado. Me fui a mi habitación y dejé la puerta entornada. Oí que mi hermana cerraba la puerta de la suya diciendo:

—Pues si viene quien sea, ni soñéis que vais a invadirme mis dominios.

La oí trastear un rato y no sé en qué momento me quedé dormido. Nadie llamó a la puerta y pensé que nunca más vería a João.

Dormí a rachas. Soñaba con el mar, rugía en mis oídos. Me caí del Chipirón cientos de veces. Las medusas me cercaban en mis pesadillas y despertaba sudando, aterrorizado, y era entonces cuando recordaba a Belém diciéndonos que ellos no podían tener ningún contacto con la policía.

Nada de lo vivido me parecía real. Era demasiado fantástico. Sentía que había atravesado la puerta que separaba dos mundos, uno conocido y otro en el que no estaba seguro de querer adentrarme, pero quien me franqueaba la entrada a él era João, Chinchorro, el chico que salvaba vidas.

Cuando pocas horas después oí pasos por casa, apenas había claridad, y tuve la sensación de que solo había pasado un rato desde que me tumbé en la cama. Me levanté y fui al salón, donde, sentada a la mesa, mi madre examinaba la estancia, pensativa, mientras tomaba un café. Al lado de su taza había una magdalena mordisqueada y, sobre el brazo del sofá, la ropa que Belém le había dado, doblada, con los botones de coral hacia arriba.

Ella fue a levantarse, pero la detuve con un gesto de la mano.

—Yo me preparo el desayuno. ¿Estás mejor?

Ella me siguió con la mirada a la cocina, donde me serví un vaso de leche con cacao. Volví al comedor y me senté frente a ella.

—¿Estás mejor hoy, mamá? —insistí, ante su silencio.

Ella esbozó una sonrisa triste.

—Un poco mareada y como… —se rio, avergonzada—, como con resaca.

Pensé que, si mi mareo era como una resaca, no quería emborracharme nunca.

—Todavía no puedo creer lo que nos pasó ayer. Me parece que todo ha sido una pesadilla. Si no fuera por eso —y señaló la ropa de Belém doblada— y porque al ponerte el desayuno me has recordado a ese chico, seguiría convencida de que el día de ayer no sucedió realmente. No ha sido hasta esta noche cuando me he dado cuenta de verdad del peligro que corrimos. No sé si he hecho bien no denunciando a Juanjo.

—¡No podemos, mamá! Lo prometimos. No podemos contar toda la verdad. Pondríamos en peligro a João y a Belém.

—Es que tampoco tengo muy claro si eso es correcto —dijo mi madre muy seria—. Esta noche lo pensaba y me decía que esa mujer está loca. Sería como si yo os secuestrase, como si impidiera, por una chaladura mía, que vosotros llevarais una vida normal. ¿No te parece?

—Lo que a mí me parece es que son felices —repuse, encogiéndome de hombros.

—No es normal, Miguel. No lo es.

—¿Es más normal que un chalado nos lleve en su lancha y nos tire al agua? ¿Que vivamos así, sin vernos porque estás fuera trabajando todo el día?

Acusó mi golpe y se puso a la defensiva.

—No lo entiendes, Miguel —zanjó, y se replegó en un silencio tan abismal que creí que nunca más oiría su voz.

Terminó despacio su café. Tenía el pelo mojado, se lo había lavado, seguía teniendo mala cara.

A mí se me ocurrió una idea.

—¿Quieres que me acerque al puerto con la ropa que nos dejaron para devolvérsela? Les puede hacer falta para otros náufragos.

Mi madre dudó:

—No está lavada y no debemos devolvérsela así. Además, seguro que ya habrán zarpado.

Miré al exterior. El cielo estaba aún enmarañado y los cormoranes sobrevolaban la playa de Astillas, a lo lejos. El sol parecía una bola de mantequilla fundida tras las nubes deshilachadas con distintos matices de gris y el mar se agitaba como una masa sólida, compacta, surcada por una retícula de espuma sucia, como si hubieran lavado en sus aguas todas las coladas del mundo.

—Por intentarlo... —dije, encogiéndome de hombros, sin querer confesar que me moría de impaciencia por comprobarlo, que daría buena parte de mis juegos por volver a pasar un rato con João quien, a pesar de la diferencia de edad, de vida, me parecía alguien más próximo a mí que la mayor parte de mis compañeros y amigos.

—Ve, anda —dijo mi madre—, pero antes de salir, haz tu cama y recoge un poco. Yo voy a ver si puedo enderezar este desastre. —Ella seguía examinando nuestro salón; era evidente que hacía falta un esfuerzo titánico por poner orden en nuestra casa—. A ver si entre todos conseguimos poner nuestro barco a son de mar.

Nos sonreímos. Mi madre extendió la mano y me apretó el brazo. A mí no me molestó que lo hiciera. Lo que habíamos vivido nos había unido de una extraña manera. La veía un poco como a Belém, una mujer que no le teme a nada, que lleva el timón de su vida. Nunca me había parecido tan entera y tan valiente, y yo creo que ella también me veía de otra forma.

—Mamá —le dije, antes de levantarme—, Juanjo no me tiró al mar, me tiré yo cuando te vi allí.

Mi madre frunció la nariz, pero no para sonreír. Un sollozo atrapado muy dentro de ella la sacudió y las lágrimas acudieron a sus ojos a raudales. Se apretó los párpados, intentando contener aquella explosión de emoción y se levantó muy deprisa para encerrarse en el baño. Yo llevé su vaso y el mío a la cocina, recordé a João fregando las tazas y, en lugar de dejar correr el agua del grifo, los lavé como le había visto hacer a él, los sequé y los guardé en su sitio. Me prometí solemnemente que más tarde haría lo mismo con los cacharros amontonados en la pila. Fui a mi cuarto, estiré las sábanas. Metí los juegos desparramados por la mesilla y el suelo dentro de sus cajas. Quité la ropa del respaldo de la silla y de la mesa de estudio y la llevé a la lavadora, mientras mi madre, que ya había salido del baño y tenía los ojos y la nariz rojos, se afanaba poniendo orden en el salón despacio, como si le doliese mucho el cuerpo.

Cuando volví a mi habitación, pese a que seguía siendo un caos, me pareció que había mejorado mucho.

Aún amontoné varios pares de zapatillas dentro del armario, sin ningún cuidado, y recolecté los envoltorios de unos cuantos bollos y bolsas de pipas que había esparcidos por el suelo y debajo de la cama y los tiré a la papelera, que ya rebosaba.

Vi a mi madre que se colgaba del hombro su bolso, dispuesta para ir al trabajo. Salí con ella tras recoger la ropa que nos habían prestado y nos separamos al principio de nuestra calle. Ella tomó el camino del bar churrería Los Alisos. Yo me desvié hacia el puerto.

MAL DE TIERRA

A diferencia de la noche anterior, en la que Carena parecía una villa fantasma, al filo de las ocho de la mañana las calles estaban concurridas. Me crucé con dos agentes de policía que se dirigían a las casas del Mirador, con un anciano que llevaba en una mano un bastón y en otra una barra de pan envuelta en papel. Dejé atrás el barrio viejo y, al llegar a la altura de la gasolinera, vi a Elisa con sus pantalones de trabajo y un jersey de pico, el pelo recogido en la nuca con una goma que dejaba sueltos muchos mechones, que levantaba el cierre de la ventana de la gasolinera. La saludé con la mano. Compartíamos un secreto, pero ella me miró, inexpresiva, y solo levantó un poco la barbilla. Me pregunté, como mi madre, si lo sucedido el día anterior no habría sido solo una pesadilla, pero los barcos que nos había señalado la noche pasada estaban aún amarrados, meciéndose. Sus defensas crujían cuando golpeaban contra el hormigón del muelle. En una de las cubiertas, dos hombres y una mujer desayunaban sentados en la bañera, donde habían desplegado una mesa. Estaban abrigados, hacía frío.

Tenía ganas de echar a correr hacia la parte más alejada del puerto, donde había amarrado el Meltemi, pero me obligué a demorarme, a fingir que daba un paseo y que lo único que me había llevado hasta allí era la curiosidad, aunque lo cierto era que no conocía a ningún chico de mi edad al que la curiosidad condujera al puerto, excepto cuando atracó la Nao Victoria, que se podía visitar por dentro y en la que había un enorme despliegue de actividades: películas sobre barcos, guerras en el mar, exploraciones… Fue como si viera por primera vez las barcas de los pescadores, en cuyo fondo se amontonaban redes y palangres, los barcos de todos los tipos: lanchas, yates, veleros, barcas que la tormenta había conducido al puerto o que tenían en él su refugio permanente.

El viento batía las jarcias y un soniquete metálico resonaba, rítmico, a capricho de las ráfagas.

El agua del mar se veía turbia y espumosa; en la superficie flotaban algas, bolsas de plástico, botellas. Era como si todo el fondo se hubiera removido, como si la tormenta hubiera dado la vuelta al mar.

Levanté los ojos hacia el lugar donde habíamos desembarcado y vi el Meltemi, aún amarrado, cabeceando majestuoso. El corazón me dio un brinco en el pecho. Hice un esfuerzo para no echar a correr. Vi una sombra pasar por un portillo y me acerqué a proa, que era como estaba amarrado el barco. Era casi imposible subir a él. Las amarras estaban muy largas. Miré a uno y otro lado y llamé en voz alta:

—¡Ah, del barco! —dije, como en las películas.

Nadie respondía, de modo que lo intenté de otra manera.

—¡Chinchorro! —grité, como si se tratase de una contraseña, el «ábrete sésamo» del mar.

No había pasado ni un minuto y la cabeza de João asomó sonriente por la escotilla.

—¡Chinche!

No me molestó que me llamara así, aunque cuando otros lo hacían, me irritaba.

—Vengo a devolveros esto, de parte de mi madre. Quería lavarlo, pero no sabía si ibais a seguir aquí más tiempo... ¿Por qué no vinisteis ayer a casa? —acabé preguntándole sin poder contenerme.

João me respondió por señas que su madre no había accedido. Abrí mucho los ojos y separé las manos, interrogante, y él, a su vez, levantó los hombros enterrando en ellos la cabeza, para hacerme ver que no tenía la menor idea.

João se acercó a proa y tiró de las amarras para aproximar el barco al pantalán.

—¡Sube ahora! ¿Puedes?

Me costó un pequeño esfuerzo, pero lo logré.

—¿Quieres desayunar? —me ofreció João—. Pasa, mi madre está dentro.

Belém estaba sentada en uno de los confortables sofás, delante de un té. Tenía el pelo apartado de la cara con una cinta ancha, verde, vestía una sudadera amplia y pantalones tan holgados como los de un payaso. Estaba recién duchada. Parecía muy joven, casi como una de las chicas de bachillerato del instituto. Sonrió al verme.

—¿Cómo estáis? ¿No habéis madrugado mucho?

Le expliqué que mi madre ya había entrado a trabajar, que por la noche estuvimos un buen rato esperando y, como ella seguía mirándome fijamente, añadí:

—No dijimos nada en comisaría.

—Lo sé, Miguel, muchas gracias. Elisa me contó que tu madre ni siquiera denunció a Juanjo para que así tenga que guardar silencio sobre nosotros. Tu madre es una mujer muy valiente. Me alegra mucho haberla conocido.

Asentí, me hubiera gustado decirles que yo sí que estaba contento de haberlos conocido, y que no quería dejarlos marchar, porque no sabía si volveríamos a encontrarnos, pero me callé y les propuse que, si les apetecía, ya que a esas horas el pueblo estaba tranquilo podíamos ir a desayunar a la churrería. Así les podríamos agradecer todo lo que habían hecho por nosotros y verían a mi madre porque trabajaba allí.

Belém nos miró y sonrió. Tenía los dientes muy grandes.

—¿Por qué no? —dijo, apoyando las manos sobre la mesa plegable y levantándose—. Nos espera un día duro, ¿verdad, João? Finalmente hicimos caso a Elisa y decidimos descansar. No llamamos la atención con tantos barcos refugiados en el puerto. La previsión no aconseja hacerse hoy a la mar, de modo que aprovecharemos para repostar y dar un paseo. Empezar el día con un buen chocolate es una idea excelente, Miguel. Luego, si no tienes nada que hacer, podrías acompañarnos y enseñarnos las tiendas. Necesitamos arroz, pasta, azúcar, harina, patatas...

João aguardaba impaciente a mi lado, recién duchado y vestido con un viejo chándal de algodón.

—¿Nos vamos? ¿Por qué no terminas la lista mientras desayunamos? —urgió João impacientándose al ver a su madre inclinándose para anotar algo en un papel.

Belém sonrió, cogió una bolsa de tela enorme y repasó su interior. Sacó un llavero, cerró el tambucho y echó la llave. João volvió a acercar el barco al pantalán. Salté yo, luego Belém y ella sujetó las amarras para que João saltase a su vez.

Fui explicándoles que el pueblo estaba en fiestas, que empezaban justo al día siguiente, aunque durante la tarde ya habría atracciones abiertas: la caseta de tiro, quizá la barca y, seguro, los coches de choque. Pasamos junto a la gasolinera, pero Elisa ni siquiera levantó la cabeza de la manguera con la que llenaba el depósito de un coche. Me pregunté qué más secretos guardaría, qué secretos ocultaban algunas personas de las que yo nunca hubiera sospechado.

Llegamos al bar y vi que la barra estaba concurrida y casi todas las mesas ocupadas. Me acerqué a Javi, el hijo del dueño, y le dije que, cuando pudiera, avisara a mi madre. Nos tomó nota y nos sentamos a una mesa. João y yo nerviosos e impacientes; Belém, distraída.

Al momento salió mi madre de la cocina, secándose las manos con el delantal. Se acercó a nuestra mesa y saludó a Belém con un par de besos.

—¿Cómo no vinisteis a casa? Estuvimos esperándoos.
Belém solo sonrió.

—Nos quedaremos hoy todo el día. La previsión es malísima. Imagino que tanto da quedarse aquí como en otro sitio. Las fiestas además atraerán a mucha gente. Pasaremos desapercibidos. ¿Cómo estáis vosotros?

—Bien. —Mi madre esbozó un gesto que lo mismo podía significar que estábamos pasando por una circunstancia dolorosa como esperando una noticia trágica—. Eso sí, tengo un mareo que no se me quita. Es como si hubiera pasado toda la noche agitándome.

João y Belém rieron a la vez.
—Eso es el mal de tierra.
—Será el mal de mar —puntualicé yo, un poco mosqueado porque les hiciera tanta gracia.
—No, los marineros lo llaman mal de tierra. Tan pronto pones los pies sobre algo firme, tu cuerpo no se acostumbra a la inmovilidad. Todo en él espera tener que hacer esfuerzos por mantener el equilibrio. Nosotros, ahora mismo, sentimos también el mal de tierra. Tendremos que invitaros a cenar al Meltemi para que os repongáis un poco —dijo Belém y se echó a reír—. El mal de tierra solo se cura en el mar.
—Es a mí a quien le gustaría invitaros a cenar —propuso mi madre, casi suplicante—. Llegaré a casa a eso de las diez. ¿Por qué no venís?
Belém negó suavemente:
—Trabajas muchísimas horas, por lo que veo. No, estarás cansada. No me parece sensato.
—Mujer, cenar tengo que cenar igual, y la comida la subo de aquí. No os preocupéis —insistió.
—Pero eso sería abusar mucho de vosotros, y encima ahora vamos a aprovecharnos de Miguel, que nos va a hacer de guía para ayudarnos a repostar y a abastecer el barco, si tú no tienes inconveniente.
Javi llegó a la mesa con una bandeja con churros y porras. Mi madre se apresuró a despedirse.
—Por supuesto que no. Faltaría más. Os tengo que dejar. Os veo esta noche. No admito una negativa, Belém. Y, Miguel, sube la ropa que nos prestaron a casa, la pones en la lavadora y a secar y así se la devolvemos limpia.
Yo miré a mi madre como si se hubiese vuelto loca, porque no podía creer lo que me estaba diciendo. No tenía

la menor idea de cómo se ponía una lavadora y, en cualquier caso, no entraba en mis planes subir a poner nada ahora que tenía la oportunidad de pasar un buen rato con Chinchorro.

Mi madre se dio la vuelta y, a los dos pasos, se giró hacia nosotros y sacó algo del bolsillo de su delantal. Nos mostró su teléfono móvil.

—El malnacido dejó mis cosas esta mañana sobre la barra. No volveré a dirigirle la palabra nunca. Pero tampoco creo que haga falta. No se atreverá a volver a poner los pies por aquí.

Belém apuntó con el pulgar hacia arriba, como si felicitase a mi madre. Yo no voy a negar que suspiré de alivio. Acababan de quitarme un enorme fardo de encima.

La mañana era nublada y desapacible. Pasé todo el tiempo con João y su madre, llevándolos de tienda en tienda, comprando cantidades increíbles de alimentos que me parecían insulsos y ayudándoles a cargarlos hasta el Meltemi, donde los dos los iban colocando en los huecos más inverosímiles: bajo los sofás, en trampillas, en armarios, aprovechando cada rincón disponible.

Cuando al filo del mediodía no podía dar ni un paso más, Belém sacó de su bolso un teléfono móvil y lo encendió, mientras nos proponía:

—¿Y si vais a por una bebida para Chinche y comemos aquí?

João asintió entusiasmado y nos dirigimos a la gasolinera a comprarla.

—Mi madre va a llamar a Patxi —me confió, con una sonrisa de felicidad—. Quiere darme una sorpresa, pero yo ya lo sé. En realidad, cuando os encontramos, nos dirigíamos a Elanchove para verle. Vive allí.

—¿Quién es Patxi? —le pregunté sin poder reprimir mi curiosidad.

—¡Patxi es la persona más buena del mundo! Era el mejor amigo de mi padre. ¿Y sabes? Ayudó en mi parto. De hecho, fue el primero que me vio.

Sacudí la cabeza, sin comprender.

—Navegó con mi padre durante tres años, luego con mi madre otros tres y después desembarcó. Se quedó a vivir en Elanchove, que es de donde era su familia. Ahora es pescador y, a veces, se enrola de patrón en alguna empresa de *charters*, para llevar a gente que quiere pasar sus vacaciones en un velero. Pero siempre se reserva unos días para estar con nosotros. Venimos al Cantábrico todos los veranos y navegamos con él todo el tiempo que es posible. Es como… como mi tío. —Se quedó pensativo, como si no estuviera del todo satisfecho—. Bueno, es más. Es como mi padre.

—¿Y dónde está tu padre? —no pude por menos que preguntar.

—Murió —me dijo, encogiéndose de hombros—. De cáncer. Yo era muy pequeño. No me acuerdo de él. Era mucho mayor que mi madre.

—¿Y cómo ayudó Patxi cuando naciste? ¿Es médico? —Cada cosa que João me contaba me parecía fascinante, como de novela de aventuras.

—No, no es médico. Yo nací en el Meltemi. Mi madre no quiso ir a un hospital porque nací muy lejos, junto a la costa de la India y allí el hospital más cercano era una pocilga, según me dijeron. Ahora no sabemos cómo serán, pero entonces le dio miedo que cogiésemos una infección o algo y volvió al barco, y mi padre y Patxi estaban allí para ayudarla cuando dio a luz.

No pude evitar imaginarme la escena y me volví disimuladamente a mirar el Meltemi. Belém paseaba por el pantalán gesticulando, al parecer seguía hablando con el tal Patxi.

—¿Y vosotros también lleváis a gente que quiere pasar las vacaciones en el Meltemi?

João puso un gesto de fastidio.

—A veces… Solo si son de confianza y son pocos. A mi madre no le gusta mucho. Prefiere trasladar a viajeros solos.

—¿Trasladar? ¿Viajeros solos?

—Sí. Hay veces que la gente quiere desaparecer. No pienses que son delincuentes o asesinos —se apresuró a aclararme—. La mayor parte es gente normal que no quiere que la encuentre su familia, que quiere volver a empezar en otro sitio de cero. Nos pagan por el viaje. Los solemos recoger en una playa, con el chinchorro, de noche; nos dicen dónde quieren ir y los llevamos, y luego los desembarcamos en destino y nos vamos. No volvemos a saber de ellos.

—¿Y por qué quieren desaparecer entonces? Me refiero a que si no son delincuentes ni han hecho nada malo, ¿por qué querrían desaparecer así? —pregunté, estupefacto.

—Hay muchos males de tierra —me explicó João—. Hay mucha gente que piensa que, si se traslada de un sitio a otro diferente, puede empezar una nueva vida libre de ataduras, o escapar de la gente que le hace sentir de determinada manera. O quieren olvidar algo… Sueltan lastre y se van, se van de un modo que hace imposible seguir su rastro.

—A lo mejor un día trasladasteis a mi padre —le dije, pensativo—. A lo mejor mi padre era una de esas personas que sufren de mal de tierra y por eso no hemos vuelto a saber nunca más de él.

João siguió andando, con las manos en los bolsillos, me miró de reojo y luego clavó la vista en el suelo, pensando él también, creo que sinceramente apenado.

AGUA DULCE

Llegamos a la gasolinera y Elisa se plantó en el mostrador, mirándonos con sorna.

—¿Qué quieren estos caballeros?

—¿Qué quieres para beber? —me preguntó João.

—Un refresco de cola, de la que sea, me da igual —dije, clavando los ojos en el mostrador lleno de chucherías, que me atraía como un poderoso imán.

—¿Y tú, João, no quieres nada? —insistió Elisa.

—Una botella de agua dulce muy fría —dijo, sonriendo.

Elisa puso sobre el mostrador el refresco que yo había pedido, casi helado, y esperé expectante para ver qué le ponía a João. Me desconcertó que sacara una botella de agua mineral, normal y corriente.

—¿Eso es agua dulce? —pregunté, decepcionado.

—Es lo más dulce del mundo si estás todo el día en el mar —rio João—, es la mejor golosina del mundo. La tenéis siempre a mano y no la apreciáis, por eso la dejáis correr como si no valiera nada, pero es lo más valioso de toda la Tierra. La malgastáis en las duchas y fregando cacharros sucios y para beber preferís bebidas con azúcar o muy amargas como, como...

—La cerveza —apuntó Elisa.

—¡Eso! —confirmó João, riéndose.

—¡Pero si el agua no sabe a nada! —le repliqué.

—¡A dulce! —respondió al instante.

Elisa no podía reprimir sus carcajadas.

—Tienes razón, João. No hay nada más dulce que el agua dulce.

Junto a la botella de agua, transparente, clara, el bote de refresco me resultó de golpe algo vulgar, repugnante incluso.

La puerta del puesto de la gasolinera se abrió y al momento oí una voz conocida a mis espaldas:

—¿Qué haces aquí, Chinche? ¿No tendrías que estar ya en casa? Mamá se va a poner histérica.

João y yo nos volvimos a la vez. Inés entraba con su amiga Laura. Las dos vestían de forma muy similar, con faldas cortísimas, una camiseta de tirantes y una cazadora. Tenían los ojos perfilados con una raya negra muy exagerada, que hacía que los de Inés se transformasen de azul claro a un gris lavado, y ambas estaban igual de pálidas, como si fuesen vampiras a las que acabaran de despertar.

—Mamá sabe dónde estoy —repliqué de mala gana.

—¿Es tu hermana? —preguntó João, con los ojos clavados en ella y su amiga. Las recorría con la mirada sin poder reponerse de su asombro. No me extrañó, porque parecía que iban disfrazadas, aunque más tarde me di cuenta de que no las veíamos con los mismos ojos exactamente.

—Sí, la plasta, Inés.

—Tú sí que eres plasta, Chinche. —Mi hermana no se podía estar callada—. ¿Y quién es tu amigo? ¿No me lo vas a presentar?

Las dos se acercaron sonriendo, sin quitarle ojo a João.

—Me llamo João —dijo él, tendiendo la mano.

Ellas no contuvieron una ráfaga de risitas.

—Venga, tonto, ¿es que tienes alergia a un par de besos?

Las dos se acercaron y pusieron la cara, empolvada para hacer parecer su piel más blanca. Desde donde estaba podía oler perfectamente su maquillaje. Me sentí sucio y maloliente a su lado y fue cuando me di cuenta de que no me había duchado por la noche, como siempre solía hacer, ni tampoco por la mañana con las prisas.

Observé que João sacaba a mi hermana, que era la más alta de las dos, cabeza y media. Y que ellas le miraban como miraban a los chicos que más les gustaban del instituto. Me sentí al margen: un insecto apestoso. Todo eso me quedaba muy lejos. Hasta entonces no me había dado cuenta de la diferencia de edad con João, que ahora no significaría nada, pero que por aquel entonces, de no haber sido João tan inocente, hubiera supuesto un abismo.

—Vamos, João, no podemos hacer esperar a tu madre.

—¡Alto, un momento, Chinche! ¿A dónde vas? —Mi hermana adoptó una actitud inquisitorial mientras yo tiraba del brazo de João en dirección a la salida.

—Voy a comer con ellos. Me han invitado. Tú tienes la comida en casa, como siempre —le dije a Inés para cortarla y que nos dejara en paz.

—Sí. —Frunció los labios en un mohín. João no le quitaba los ojos de encima—. Sobras, como siempre…

—No son sobras —protesté—, mamá no nos trae sobras. Y si no te gustan, te haces la comida tú. Vamos, João.

João se volvió hacia Elisa, que parecía no atender nuestra conversación, y ella le hizo un gesto para que se guardara las monedas que llevaba preparadas.

Salimos a la calle y me di cuenta de que en el momento en que mi hermana nos había interrumpido yo había querido cambiar el refresco por agua dulce. Después de haber oído a João, prefería agua, pero ya no tenía solución. No quería volver con mi hermana y su amiga, que nos seguían con la mirada desde el interior de la gasolinera, dos cabezas que se alzaban sobre un expositor que ocultaba sus cuerpos como si fueran máscaras a la espera de un comprador.

Cuando nos alejábamos hacia el Meltemi, João se volvió una vez más hacia la gasolinera.

—Así que esa chica es tu hermana... Es muy guapa.

Yo puse los ojos en blanco.

—Y una plasta.

—¿Sabe algo de lo que pasó ayer? —preguntó João con precaución.

—Ni una palabra. Sabe lo mismo que le contamos a Viñas: que nos caímos de la lancha de Juanjo y nos recogieron. Les dijimos que en el barco iban tres hombres y dos mujeres y que, después de dejarnos en el puerto, volvieron a zarpar. Mi madre dijo que el barco llevaba bandera inglesa, pero Viñas creía que era australiana. Y a Inés le contó que en el puerto nos habíamos encontrado con vosotros y que, al veros a los dos solos, os habíamos invitado a pasar la noche en casa, por si os presentabais.

Belém ya estaba en el interior del Meltemi y había puesto a cocer arroz. Sacó de una nevera pescado y lo puso al fuego con agua, patatas, cebolla y pimentón. Un olor delicioso inundó el recinto y João tomó la guitarra acústica mientras la comida terminaba de hacerse y nos estuvo cantando un par de canciones divertidas. Tocaba y cantaba muy bien y a Belém se le notaba el orgullo en los ojos. No se parecían a nadie a quien hubiera conocido antes. Daba la impresión de que estaban sacados de una película, que eran como los *hippies* de los años setenta con sus ropas descuidadas y su forma de vivir, tan distinta a lo que yo estaba habituado.

Un buen rato después de haber comido y tras aleccionarme sobre cómo jugar a las cartas, Belém nos propuso que diésemos un paseo y le enseñara a João el pueblo. Pedí antes de irnos un vaso de agua dulce, porque el refresco me había producido muchísima sed, y me dispuse a mostrar a João mis dominios, todo lo que era importante en mi vida. Nos citamos con Belém para más tarde, en la gasolinera, y Chinchorro y yo nos dirigimos a la plaza y al recinto próximo donde ya habían instalado las atracciones. Pese a que estaba encapotado y el sol lucía menguado de fuerzas tras la capa de nubes, hacía un bochorno incómodo. Los campos de alrededor de Carena estaban amarillentos, habían perdido su verde ofensivo, intenso, que teñía el paisaje de esmeralda. Los campos estaban exhaustos de la falta de agua del verano y necesitaban muchas tormentas sucesivas, las de finales de la estación, chaparrones de agua dulce, para aplacar su sed.

Habían montado en la plaza un escenario a base de tablas sobre el que terminaban de extender una goma. De un lado a otro tendían cables y varios hombres descargaban del interior de una furgoneta una batería. João se quedó mirando con la boca abierta.

—Esta noche actúa un grupo —le informé—. Pasado mañana una banda para el baile y el último día igual. La del último día es la mejor, porque es la noche de los fuegos artificiales.

—¿Podremos venir a ver a los de hoy? —preguntó João sin apartar los ojos del escenario para no perderse ni un detalle del montaje—. ¿Son famosos?

—A mí no me suenan de nada. Aquí nunca traen grupos famosos. Son grupos normalitos que cantan temas de otros y no los suyos, y con las bandas y las orquestas pasa lo mismo —le informé con la suficiencia de un sabihondo. En tierra me sentía a mis anchas—. Tocan canciones muy pasadas de moda o las más famosas, las que se oyen en la radio a todas horas.

Tiré de él y le propuse enseñarle la plaza del Brocal y el barrio viejo. Aquí y allá había grupos de chicos y chicas de nuestra edad. Unos sentados, otros de pie. La mayoría comían pipas o chuches; hablaban, pero no sabíamos de qué. Me fijé en que muchos nos miraban cuando pasábamos. Imaginé que porque se preguntarían quién era él, pero luego reparé en que era porque su chándal era realmente viejo y feo, llamaba la atención. Ninguno de nosotros hubiera salido a la calle con un chándal así, tenía el aspecto de un pordiosero.

—Aquí todo el mundo come cosas muy dulces sin parar. Parece que la tierra es mucho más salada que el mar —bromeó él.

Continuamos calle arriba. Yo le daba vueltas a decirle algo acerca de su chándal y de la conveniencia de buscar otra ropa si íbamos a bajar por la noche a la actuación. João miraba con curiosidad las casas bajas del barrio viejo. Cada vez que pasábamos junto a una ventana, escudriñaba el interior de las viviendas. En algunas casas estaba el televisor encendido, hubiera o no alguien mirándolo; en otras, una habitación vacía aguardaba a que sus ocupantes llenaran su espacio. En alguna había alguien sentado junto a la ventana: señoras mayores que hojeaban una revista o hacían punto o ganchillo. Junto a la última de la calle, un hombre de mediana edad dormitaba roncando sonoramente.

Atravesamos un pequeño parque donde había muchos niños jugando, casi todos con *tazos* o cartas. Los golpeaban y el ganador recogía los conseguidos ante el gesto contrito de los perdedores. João no hablaba, solo observaba. Por fin vislumbramos al final de la calle mi instituto.

—¡Mira! —señalé—. El instituto.

Aceleré el paso, emocionado. Había llegado el momento de mostrarle mi vida.

TRIANGULACIONES

João se detuvo en la calle, petrificado, sin comentar nada, ni para bien ni para mal. Continuó caminando en silencio observando todo con una alarma creciente que afloraba a su rostro, inspeccionando los alrededores, fijando cada detalle.

—Si vivieras aquí —añadí, cuando ya estábamos en la esquina de las instalaciones—, tendrías que venir cinco días a la semana, de ocho y media a dos y media desde septiembre a junio...

João no dijo nada, estaba desconcertado.

—¿Por qué tiene rejas? Parece una cárcel. ¡Mira! —me señaló—. Y la valla es altísima. ¿No podéis salir en todo el tiempo? ¿A nada?

João era un completo ignorante en lo que atañía a la vida de los chicos y chicas normales.

—No, claro. Las rejas son para evitar que salgamos y para que nadie entre.

—Pero ¿por qué?

No sabía exactamente qué explicarle:

—Nos protegen del peligro.

—Pero ¿de qué peligro?

—Pues... —Me rasqué la cabeza, dubitativo—. Para que no nos den droga, por ejemplo. No te creas —dije, haciéndome el importante—, hay algunos que se acercan a la verja y tratan de pasar maría. A veces han pillado a algunos y si se dan cuenta de que alguien de dentro les compra, le expulsan.

—Pero si le expulsan puede ir a buscar a quien se lo da con toda la libertad del mundo. ¿Cuando ven que uno necesita ayuda es cuando lo dejan fuera? No entiendo. Es una contradicción. ¿Y es que la droga solo la venden a la hora del recreo, no por la tarde cuando salís?

Yo hice como que no oía lo que João objetaba.

—Y también evitan así que nos vayamos a la hora del recreo y no volvamos a clase.

—¿Y por qué querríais hacer eso?

João me estaba sacando de mis casillas. No entendía nada.

—Pues porque las clases son un rollo.

—O sea que, si no hubiera rejas, ninguno estaríais dentro, no os quedaríais allí por vuestra propia voluntad —razonó João, visiblemente consternado.

—Tampoco es eso, Chinchorro, no entiendes nada —me defendí yo, molesto porque un aspecto tan importante de mi vida fuese para él una chifladura—. Vendríamos porque aquí estamos con nuestros amigos, y nos lo pasamos bien. Si no tuviéramos que venir, nos pasaríamos el día jugando a la consola y no asomaríamos la nariz a la calle.

Incluso yo, al oírme, dudé de mis argumentos: me planteé por vez primera si lo que yo estaba diciendo era una verdad universal, si no habría entre mis compañeros alguien que fuese voluntariamente a clase para aprender cosas que para mí no tenían ningún interés. Si la motivación o la falta de ella no nos clasificaba en dos bandos, el de candidatos a perdedores en la vida y candidatos a ganadores. Y también me di cuenta de que, si no nos obligasen a estudiar, casi todos terminaríamos abandonando para acabar no haciendo nada.

—Peor es lo tuyo —me defendí, acallando las dudas que me asaltaban—. Tú no tienes amigos con los que pasártelo bien en el mar y estudias de todos modos. No vas a decirme que te encanta estudiar con tu madre para sacar esos cursos y los exámenes.

—¡Pero si yo no estudio! —me dijo él con los ojos muy abiertos.

—Pues eres un mentiroso —repliqué al instante—, porque ayer me dijiste que estudias.

—No te mentí —dijo él, moviendo la cabeza, apesadumbrado por el equívoco—. Yo aprendo y luego mi madre me pregunta sobre lo que he aprendido, pero no me examino. Si no aprendiese y no pusiese en práctica lo que aprendo, habríamos tenido problemas serios más de una vez. Por ejemplo, si no supiese leer un mapa y mi madre enfermara, no podría llevarla a ningún sitio. Si no supiese reparar la radio y se estropease, nos veríamos en un apuro. Si no supiese trazar un rumbo sobre la carta y triangular posiciones, y para eso me ha hecho falta aprender muchas matemáticas, nos perderíamos…

—Ya... ¿entonces no estudias ni lengua ni literatura ni sociales ni historia...? ¿O eso también lo aprendes para ponerlo en práctica?

—Si no practico leyendo en otros idiomas, no podría hablarlos cuando lo necesito y no me enteraría de muchas cosas cuando conozco a alguien de otro lugar del mundo —me dijo con una seguridad aplastante—. Tampoco lleva tanto tiempo al día. Pero tienes razón en que yo me pierdo conocer a más gente. Seguramente ignoro muchas cosas que vosotros sabéis, pero también es cierto lo contrario: yo sé muchas cosas que vosotros ignoráis. A vosotros seguro que os pasan muchas más cosas que a mí, esa es la única diferencia. En mi vida no pasa nada. —No lo decía con pesar, sino solo pensando en voz alta.

El patio vacío del instituto tenía un aspecto triste, patibulario. Me hubiera gustado que lo hubiera podido ver un día cualquiera del curso, porque seguro que no habría puesto tantas objeciones al hecho de ir a clase y pasarse las horas dentro, encerrado, como decía él. Pero me di cuenta de golpe de que yo empezaba a verlo con otros ojos también. De repente pensé que el curso estaba a la vuelta de la esquina y que lo único valioso no era reencontrarme con mis compañeros.

Durante mucho tiempo después de conocerle, en los cursos posteriores, recordaría aquella conversación.

Estudiar y aprender, agua salada y agua dulce, los envases de refresco fabricados para atraernos y el agua transparente en un vaso.

Unos acordes planearon sobre las calles. Sonaba a música enlatada. El grupo contratado para amenizar la fiesta de la noche empezaba a ensayar. Un pitido electrónico nos taladró los tímpanos.

Sin decir palabra nos separamos de la verja del instituto y nos dirigimos a la plaza con solo intercambiar una mirada.

Los ojos de João comenzaron a brillar de excitación a medida que nos aproximábamos y oíamos el sonido de los instrumentos.

Por el camino vi a Charlie, junto a mi hermana, a Laura y a otros cuantos de sus amigos. João también los vio y se quedó pensativo. Saludó con la mano y mi hermana y Laura no se dieron cuenta. Mi hermana luchaba por soltarse de Charlie que la tenía sujeta por los brazos. Parecía muy enfadada. Bajo la capa de maquillaje estaba roja y chillaba algo que no oí. Mi hermana y Carlos se peleaban con frecuencia, a él le gustaba tratarla como a una muñeca sin voluntad. Mi hermana, aunque no fuese tampoco un genio, tenía mucho carácter y era muy independiente. João volvió la cabeza, inquieto, siguiendo el curso del forcejeo al que ninguno de los cercanos prestaba atención, y yo le obligué a seguir, hasta que llegamos a la plaza y nos acercamos al escenario. El guitarra del grupo se disponía a tocar una eléctrica y João siguió su ensayo y la prueba de sonido con expectación, vigilando, no obstante, de cuando en cuando la entrada de la plaza. Yo le insistí en que no se preocupara y que, además, Inés se enfadaría si llegaba a enterarse de lo que habíamos visto. El ensayo continuaba su curso, instrumento a instrumento para ajustar el volumen de cada uno. Cuando todos atacaron un tema, una amplia sonrisa le iluminó el rostro y hasta empezó a bailar.

Me avergoncé un poco, miré alrededor, por si alguien nos observaba, y vi que mi hermana estaba no muy lejos, con Laura. Ninguna de ellas quitaba ojo a João de encima. Las dos se echaron a reír y eso me molestó. João no era en absoluto consciente de las miradas que atraía sobre sí. Decidí que aquello se había acabado. Tenía que decirle lo de su chándal sin ofenderle y también advertirle de que no se baila cuando la gente no baila si no es porque estás montando un espectáculo callejero. Me costó arrastrarle fuera de la plaza. No lo conseguí hasta que no nos enteramos de la hora a la que comenzaría la actuación. Le prometí que nos pasaríamos después de la cena, que seguro que mi madre nos dejaría acercarnos.

Crucé los dedos para que Inés tuviera vía libre para volver de madrugada. Con un poco de suerte, se quedaría por ahí y no tendría que soportar su curiosidad y sus burlas esa noche. Propuse a João ir a buscar a Belém y dirigirnos ya a nuestra casa. Le dije que así podrían tomar una buena ducha de agua dulce y le enseñaría mis juegos y mi habitación. João accedió encantado y no nos costó trabajo convencer a su madre, que aseguró que ella iría más tarde guiándose por un plano detallado que le dibujé, un plano en el que me esmeré a conciencia para que no pensaran que mi paso por la escuela había sido en balde y no había aprendido nada.

ARRUMBE

Cuando abrí la puerta de mi casa, me arrepentí al segundo de haber insistido tanto en que me acompañara directamente.

Lo poco que habíamos podido arreglar de nuestro desastre doméstico mi madre y yo aquella misma mañana había sido sepultado bajo el cataclismo que Inés había provocado. Debía de haber estado con alguna de sus amigas y habían dejado el salón revuelto. El secador de pelo estaba sobre la mesa, al igual que prendas sueltas de ropa. Había latas de bebida en la mesita y en el suelo y varias bolsas de fajitas y fritos arrugadas. Me sentí avergonzado y esbocé una excusa torpe:

—Nuestra casa, como verás, no está a son de mar.

João ignoró mi apreciación. Miraba todo con muchísima curiosidad.

—Es la primera vez que entro en una casa de tierra firme que no sean las instalaciones de un puerto —me aseguró, caminando con cautela, como si el suelo no le pareciera muy seguro—. Solo había visto casas en fotos. No me las podía imaginar así.

Preferí no decirle que no todas las casas eran como la nuestra.

Le conduje a mi habitación, donde también se sintió fascinado. Lo primero que le enseñé fueron mi consola y mis juegos. Como cada descubrimiento, por trivial que fuera, lo sumía en estado de trance, tuve que ir siguiéndolo por todos los rincones, respondiendo a sus disparatadas preguntas.

Me costó un buen rato convencerlo para enseñarle uno de mis juegos. Puse uno de mis preferidos, uno de combates muy bien ambientado en una guerra del futuro. Le pasé un mando y comenzó a mirarlo con atención como si fuera una pieza suelta que no encaja en un mecanismo mientras yo le explicaba en qué consistía una partida, mis hazañas y las de mis amigos. Finalmente me confesó que no solo no sabía jugar, sino que tampoco le apetecía. Nunca había tenido en sus manos una consola como la mía, sí alguna máquina portátil que habían llevado pasajeros del Meltemi, pero no se le daba nada bien manejarlas. Me propuso mirar mientras yo jugaba.

Era evidente que se aburría, porque al poco volvió a retomar el hilo de sus preguntas.

—¿Y cada uno de vosotros tiene un televisor en su cuarto? ¿También tenéis cada uno una consola?

Le respondí que no. Inés lo que tenía en su habitación era un ordenador, mi madre nada, y en el salón, el televisor común.

Justo cuando le estaba explicando el reparto de la electrónica doméstica oí el ruido de la puerta de casa al abrirse. Los pasos de Inés sobre sus zapatillas con suela de goma recorrieron el camino hacia mi habitación en un abrir y cerrar de ojos y, al momento, la vi plantada en la puerta, con la mejor de sus sonrisas.

—¡Ah!, estáis aquí…

Yo la ignoré por completo, pero João parecía encantado con su aparición.

—Me decía Chinche que tú tienes un ordenador —dijo João, desinteresándose por completo de la pantalla en la que se mostraba uno de los mejores escenarios de guerra.

—¿Quieres que te lo enseñe? —se ofreció Inés, solícita—. Es una carraca, estoy desesperada por cambiarlo.

—¿Qué es una carraca? —preguntó João, levantándose y siguiéndola a la habitación.

—Una antigualla. No sirve para nada. Lo uso para subir fotos, ya sabes, y hablar con mis amigos.

—¿Lo usas como la radio? —preguntó João, inocentemente.

—¿La radio? No, lo uso como ordenador, para conectarme —repuso Inés, con tono de sabihonda. En realidad, era en lo único en lo que podía decirse que era una experta: en redes sociales.

Me di cuenta de que João no se enteraba de nada de lo que le decía, pero no se atrevía a preguntarle. Me puse en su piel. Demostrar ignorancia acerca de lo que mi hermana contaba significaba delatarse. Pensé que la situación de João era la pescadilla que se muerde la cola: no podía manifestar que su forma de vivir era radicalmente distinta de la nuestra porque eso le obligaba a dar explicaciones, y las explicaciones sonarían muy raras a cualquiera que las escuchase. Si preguntaba, a su vez, su ignorancia también señalaba sus carencias. Solo conmigo podía permitirse mostrarse tal y como era porque, por las circunstancias que nos habían unido, yo estaba al tanto de su irregular forma de vida y, además, obligado por un juramento de silencio.

Eso me hizo sentirme bien.

Puse el juego en pausa e irrumpí en la habitación de Inés con la misma falta de tacto con que ella lo había hecho en la mía. Estaban inclinados sobre la pantalla de su ordenador hombro con hombro, muy juntos. Los dos estaban encantados.

—¿No sales esta noche? —le pregunté a mi hermana, con la esperanza de que me dijera que había venido a cambiarse y en cuanto terminara de arreglarse, lo que equivalía a una eternidad, estaría en la calle, pero mis esperanzas se derrumbaron.

—No. Aunque mamá me ha dado dinero, prefiero cenar en casa.

—¿No habías quedado con Charlie y tus amigos? —pregunté, con segundas intenciones.

—Que sepas que ya no salgo con Carlos —anunció ella.

—¿Pero no estabas colada por él? —la provoqué.

—No entiendes nada, Chinche. Lo mejor que podrías hacer es ir a jugar con tus guerras y dejarnos en paz.

—Antes tenemos que poner la casa a son de mar —dije, mirando a João, lanzando una indirecta para que viniese conmigo y dejase a Inés sola.

—¿Cómo? —preguntó Inés con un gesto evidente de desprecio solo dirigido a mí que desfiguró sus facciones dulces, como de muñeca de porcelana.

Le dije que si no se daba cuenta de que había dejado la casa hecha una pocilga, que ir a son de mar es tener todo bajo control, evitar peligros innecesarios. Una gran parte de los peligros puede prevenirse solo con orden.

Mi hermana me miró como si fuera un leproso, con verdadera repugnancia.

Probé con otra estrategia.

—João, ¿por qué no aprovechas para endulzarte? —le propuse con la intención de mantenerlos alejados un rato, para recuperar mi ventaja con él y deshacerme de ella a toda prisa. Era por esa razón por la que utilizaba todas las palabras, todos los conceptos que sabía que Inés no entendería y que João me había explicado. Cuando uno no alcanza a entender lo que dos personas se comunican tiende a apartarse, pero Inés era irreductible.

—¡Si ya lo hice esta mañana! —respondió él, perplejo.

—Ya... pero si vamos a salir esta noche...

—Endulzarte, endulzarte... ¿Qué quieres tomar? —dijo Inés, dirigiéndose a João cómplice, como si João necesitase beber algo de alcohol.

Antes de que a él le diese tiempo a responder, empecé a reírme de ella. Le dije que endulzarse no era eso, que no tenía ni idea.

—Se refiere a que me duche —dijo João.

—¡Pero qué memo eres, Chinche! —dijo Inés, volviendo la cabeza como si no mereciera la pena ni mirarme.

Acompañé a João al baño, le di una toalla limpia y le señalé los geles, champús y lociones que había esparcidos por todos los rincones.

—Coge lo que necesites —le ofrecí—, es todo tuyo.

—¿Y jabón? ¿No tienes? —preguntó, mirando con perplejidad el ejército desigual de botes en caótica formación.

Le señalé un dispensador líquido y él frunció el ceño.

Apreté el dispositivo y una gota de jabón fuertemente perfumado a coco cayó en mi mano, le cogí la suya y se lo restregué. João la apartó con desagrado.

—Jabón de pastilla —insistió.

Abrí un armarito y comencé a buscar. Solo di con una pastilla pequeña de jabón birlada en un hotel. Como nunca habíamos dormido en ninguno, pensé que quizá se la habían regalado a mi madre. Se la tendí y él comenzó a rasgar el envoltorio, satisfecho. No alcanzaba a comprender qué era lo que le sucedía con los productos envasados. Pensé que quizá no sabía para qué era cada uno. Ya tendría ocasión de explicárselo.

Presentí que se aproximaba la hora de llegada de Belém; salí del baño y cerré la puerta enérgicamente, decidido a arreglar en lo posible nuestro particular naufragio doméstico.

Empecé por doblar la manta que mi hermana siempre dejaba tirada como una pelota sobre el sofá y me llevé los botes de bebida; quité el secador de pelo, abrí como una exhalación la puerta de la habitación de Inés y lo lancé sobre su cama entre exclamaciones de sorpresa y protesta.

Volví para arrojar a la basura los envases vacíos y, mientras sacudía el sofá de migas, João salió del baño con el pelo mojado y sonriente. Yo solo había oído dos veces, muy breves, correr el agua. No podía creer que ya se hubiera duchado.

—¿Ya has terminado? —le pregunté con desconfianza.

Olía bien, era evidente que algo había hecho.

—Sí, es fantástico. No podéis entender el placer que es tomar una ducha sin economizar agua. Como os basta abrir el grifo y no tenéis límite…

Me quedé perplejo.

—¡Pero si tú tienes ducha en el Meltemi y hasta un baño para ti solo!

—Sí, claro, pero no podemos desperdiciar el agua. Solo podemos usar lo indispensable.

Me pregunté cuánta agua utilizaría para ducharse en el barco si pensaba que en casa no había economizado.

Inés salió de su habitación con el secador en la mano, dispuesta a invadir la ducha a su vez.

—¿Por qué no me ayudas un poco, Terminator? —le solté de mal humor.

—Allá tú con tus nuevas manías —me dijo pasando al lado de João, rozándolo, y cerró la puerta del baño con un sonoro portazo.

João se dispuso a ayudarme. Oímos abrir el grifo de la ducha y entre los dos fregamos los cacharros acumulados en la pila, barrimos el salón a toda prisa, pusimos el mantel y la mesa, pasamos una bayeta a la encimera de la cocina… y el agua en el cuarto de baño no había dejado de correr un solo segundo. João se volvía con frecuencia a mirar la puerta. No decía ni una palabra, pero comprobó al menos tres veces la hora en el reloj. Empecé a comprender lo que quería decir, cuál era su actitud hacia el agua… Y lo compartí.

Aún seguía sin cerrarse el grifo y llamaron al timbre.

Belém nos sonreía en la puerta y llevaba en la mano un envoltorio con el anagrama de la panadería.

—¿Llego muy pronto? Pensé que podía ayudaros para que cuando Carmen regrese todo esté a punto.

Belém recorrió con su mirada el interior de nuestra casa. Yo me sentía orgulloso porque estaba seguro de que pasaría su evaluación, ya que no era una pocilga como hacía un rato. La vi ladear la cabeza mirando hacia la puerta del baño, donde se seguía oyendo correr el agua de la ducha. Frunció el ceño suavemente. João miró el reloj por cuarta vez. Yo le imité. La ducha de mi hermana ya se acercaba a los veinticinco minutos. Me resultó indecente y me sentí avergonzado. Justo cuando iba a disculparme porque me daba la sensación de que estábamos cometiendo un delito, el grifo se cerró. Casi me pareció apreciar un suspiro de alivio de João.

Belém volvió a observar el interior de la casa y yo empecé a verla con sus ojos, no con los míos: era evidente el exceso de cosas inútiles apiladas en todos los rincones. La mirada de Belém pasó del lote de revistas atrasadas a tres relojes, uno de pared y dos de sobremesa, que marcaban horas distintas: dos de ellos con diferencias de cinco minutos, y un tercero parado por falta de pilas. La pared detrás del sofá tenía ronchones y el techo, junto a la terraza, una mancha enorme de humedad con la forma de la costa norte de Europa. La alfombra de debajo de la mesita estaba arrugada, era un peligro evidente. Me dispuse a estirarla, pero antes de terminar de hacerlo, la puerta del baño se abrió y, de una inmensa nube de vapor que se extendió por todo el distribuidor, de entre una vaharada de perfumes distintos —manzana, frambuesa, mango y otros inidentificables—, apareció Inés en albornoz. Se quedó plantada mirando a Belém como si viera una aparición. A medida que la nube de vapor se fue disipando identifiqué la ropa de mi hermana esparcida por el suelo del baño. Sujetador y bragas coronando el montón del top, la minifalda, sus zapatillas y la toalla empapada y arrugada.

Mi hermana miraba asombrada a Belém, que seguía llevando su cinta anchísima conteniendo su pelo negro y rizado, una falda amplia de flores, unas zapatillas como los pies de gato de los escaladores, una camiseta ancha y, sobre ella, la chaqueta de lana con botones de coral que había prestado a mi madre el día anterior. Me quedé sin aliento. Le habíamos dicho que la ropa nos la había prestado la familia que nos recogió. Conociendo a mi hermana, no tardaría mucho en hilar cabos.

Con un descaro que me dejó sin habla, mi hermana se acercó a Belém.

—Hola, yo soy Inés. —Le dio dos besos que Belém apenas pudo corresponder—. Encantada de conocerte. ¿Eres su madre? —añadió, señalando a João.

Belém asintió sin pronunciar palabra.

—Pues perdonadme un momento, porque tengo que vestirme. Ahora mismo salgo. Poneos cómodos. ¡Chinche! —ordenó con voz autoritaria—, ¿por qué no les vas sirviendo algo de beber?

Todos seguimos con la mirada su retirada apoteósica tras su entrada triunfal. Belém se fijó en João, que no apartaba los ojos de ella.

Les señalé el sofá y yo me dirigí a la cocina. Llené una jarra de agua, serví los pocos hielos que había en el congelador, puse tres vasos limpios y lo acerqué todo en una bandeja a la mesita baja del sofá.

Belém me sonrió.

—¡Qué casa tan agradable tienes, Miguel! —me dijo, un poco por compromiso, porque yo notaba que seguía revisando cada uno de los rincones y en todos descubría algo que no merecía su aprobación.

—Chinche la ha puesto a son de mar antes de que llegaras —comentó João, que creo que leía los pensamientos de su madre.

Le agradecí su comentario, que me hizo sentir bien.

Estaba nervioso por el tema de la chaqueta, así que pensé que lo mejor sería sondear a Inés antes de que mi madre llegara, improvisar una explicación, por poco creíble que fuese, y cerrarle la maldita boca. Me disculpé y llamé a la puerta del dormitorio de mi hermana.

—¿Qué quieres? —me preguntó con voz desabrida desde dentro.

—Preguntarte una cosa —le respondí.

—Pues pregunta, imbécil —replicó ella.

—¿Puedo pasar? —pregunté, poniendo los ojos en blanco, seguro de que nuestros invitados no verían mi gesto.

—Espera... Cuando digo que eres una chinche... Ahora, pasa.

Empujé la puerta y me sumí en el caos de su habitación, que no era sino el reflejo de su vida.

—¿Qué les pongo de picar? —pregunté para que me oyeran.

Inés no se cortó ni un instante, me arrastró al interior y comenzó a hablar muy deprisa, en susurros.

—¿Esa colgada de ahí es la madre de João? ¡Vaya pinta de *hippy* que tiene! ¿Has visto que lleva la chaqueta que se puso ayer mamá? ¿Esos son los que conocisteis en el puerto o los que os trajeron? Porque la chaqueta es la misma... —susurró, sin aguardar a que le respondiera.

Mi hermana, como ya apunté, ataba los hilos con mucha rapidez. Me pregunté cómo siendo tan lista para ciertas cosas, podía ser tan tonta para la mayoría.

—Se habían refugiado en el puerto cuando nosotros llegamos, por eso los conocimos. Y fue ella quien le dejó la chaqueta a mamá.

—Pues es antipatiquísima —sentenció Inés, que había percibido la frialdad de Belém hacia ella.

—No lo es —protesté—. Intenta ser un poco educada. No ha venido a conocerte a ti, ¿sabes?

—El que está buenísimo es su hijo —dijo, levantando los ojos al techo y suspirando—. Me ha costado un montón darle esquinazo a Laura, que no se me quería despegar. Le ha hablado a todo el mundo de él. Aunque está un poco... —Hizo un gesto llevándose el dedo a la sien y dándole vueltas—. ¡Vaya manera de bailar en la plaza! —Y preguntó sin transición—: ¿Cuántos años tiene?

Caí en que yo aún no lo sabía, pero respondí, sin dudar un instante:

—Catorce.

—¿Catorce? —objetó Inés levantando la voz—. ¡Qué dices! Tiene más años, seguro. ¿Cómo va a tener catorce?

Mi intuición había dado en el clavo. Ninguna chica de dieciséis años iba a interesarse por un chico dos años más pequeño. Me sentí orgulloso de mí mismo. De un plumazo me la había quitado de encima. Ya no iba a mostrar el más mínimo interés por João.

—Catorce años —repetí, recalcando cada sílaba. Ya me podía ir tranquilo—. Bueno, voy a buscar algo para ponerles de picar y tú no te molestes —le dije, caminando hacia atrás, y cerré la puerta de la habitación.

Me dirigí a la cocina, encontré una lata de aceitunas rellenas, las puse en un cuenco y las llevé a la mesita. Ofrecí a nuestros invitados encender la televisión, por si se aburrían, pero los dos negaron al unísono.

—¿Y qué habéis hecho esta tarde? —se interesó Belém.

João le contó que yo le había enseñado el pueblo y el instituto, que este estaba cercado por una valla y una reja alta y que le había extrañado. Que no nos dejaban salir del recinto durante las horas de clase y que a él eso le chocaba mucho. Que luego habíamos ido a la plaza donde ensayaba el grupo y ahí Inés salió de su habitación, pintada como si fuera carnaval, con la raya negra de los ojos más ancha que nunca sobre los polvos blancos que la hacían parecer un cadáver. A Belém casi se le salen los ojos de las órbitas, no podía haber dos personas más diferentes que ellas dos.

—¿Vais a quedaros a las fiestas? —preguntó mi hermana, al parecer muy segura de su aspecto, con una minifalda que parecía un cinturón ancho y su top corto ceñido—. Se me ha ocurrido que João podría venir conmigo y mis amigos a ver el concierto de esta noche en la plaza.

Antes de que Belém pudiera abrir la boca, João, con los ojos como platos, exclamó:

—¡*Espantoso*!

Inés se volvió hacia él sin poder creer lo que había oído. Yo, para ser sincero, hice lo mismo y Belém empezó a reír sin poder contenerse.

—Un falso amigo —entendimos que decía—. *Espantoso* en portugués no quiere decir lo mismo que en español. *Espantoso* se traduce por «maravilloso». —Tras calmar su risa, se volvió hacia João—. No me parece buena idea. Preferiría que no lo hicieras.

—Quiero ir a verlo. Puedo ir con Chinche e Inés. Si a ti te apetece, ven también, a mí no me gustaría perdérmelo. Al fin y al cabo, esta noche no nos moveremos del puerto, ¿verdad?

Belém sostuvo un largo rato la mirada a João, como si hablase con él sin pronunciar una palabra.

—¿Cuántos años tienes, João? —intervino Inés, rompiendo el silencio y sin venir a cuento.

—Quince —aseguró João—, la semana que viene cumpliré los dieciséis.

Inés me miró triunfante.

—Bueno, Chinche, si quieres, tú también puedes venir, aunque seguro que te aburres con nosotros.

Yo sentí que me acababan de sentar en el banquillo, que había pasado a pertenecer a la reserva o, peor, aún, a un equipo de categoría inferior.

Belém se dirigió a mí, aunque en realidad a quien quería hablar era a João.

—¿Sabes lo que significa «arrumbar» en náutica, Chinche? —Yo ni siquiera llegué a negar con la cabeza, João desvió la mirada y me pareció que se sonrojaba—. Significa establecer el rumbo de navegación. Creo que João acaba de arrumbar el suyo y le va a dar igual lo que nosotros le digamos. Pero tú no dejes que te arrumben.

LASTRE

Fue después de la cena y antes de salir hacia el concierto de la plaza, cuando João contó una historia que cambió la visión del mundo de mi hermana y que, a la vista de lo que sucedió después, contenía una premonición nefasta.

La cena había transcurrido muy animada. Mi madre trajo manjares deliciosos, frutos de la tierra, como un homenaje a ellos: verduras frescas, carnes blancas asadas con salsas de hongos, guarniciones de zanahorias, legumbres, hortalizas. Todos comimos con apetito y Belém parecía encantada de volver a ver a mi madre.

La conversación no decaía. Nos contaron anécdotas curiosas de gente que vive en el mar. No hace falta puntualizar que casi todas ellas tenían un punto excéntrico, sus protagonistas eran consumados maestros en un estilo de vida alternativo. Nos relataron, por ejemplo, la historia de un músico que decidió un día dejar su casa en tierra firme, se compró un barco, lo amarró en el puerto y se afanó en vaciar gran parte del interior para instalar allí un piano, que ocupaba prácticamente todo el interior de la cabina. Se acondicionó un rincón para dormir en el camarote de popa, cocinaba junto al piano, y en la cubierta, que también despojó de los aparejos necesarios para la navegación, instaló una especie de salón recogiendo muebles que la gente abandonaba en la calle con la esperanza de que se los llevase el camión de la basura o el de recogida de enseres: alfombras deshilachadas, un sofá, dos sillones, una mesita baja, lámparas de pie... Sobre el mobiliario rancio y raído dispuso un toldo e invitaba allí a sus amigos a que le oyesen tocar. Vivía en un barco que no podía navegar y su filosofía de vida era la de un habitante de la tierra, pero él aseguraba a cuantos conocía, como a ellos, que era de los suyos. «Ni siquiera sabe hacer un nudo para amarrar. No hay nada en el barco que lo habilite como un barco, salvo el casco», nos dijo Belém. Y añadió que lo que caracteriza a quienes navegan de verdad es su afán por no arrastrar lastre, ninguna atadura, nada innecesario.

Fue entonces cuando João contó la historia de un hombre al que llamaban Henri. Henri navegaba de puerto en puerto por la costa. Ya había cumplido los setenta años. Durante muchísimo tiempo había ahorrado para comprar un velero de veintinueve pies, que consiguió casi a punto de jubilarse. Su sueño era hacerse a la mar con su mujer en cuanto se sacudiese la obligación de tener que ir a trabajar todos los días. Se preparaban a conciencia. Querían recorrer el Mediterráneo, costear por el Atlántico, ir de puerto en puerto y vivir en el interior del velero, en el que habían dispuesto un juego de ajedrez, libros, música. Todos sus esfuerzos tenían como objetivo la vida que les esperaba, una vida de la que iban a eliminar cualquier lastre. Pusieron en venta su casa, que ya no les haría falta, su coche, regalaron sus muebles, sus enseres voluminosos, se quedaron con lo imprescindible: fotos de sus hijos, algunos recuerdos. Aprendieron a navegar, pasaban largas temporadas en el puerto para hacerse a la vida del mar y sus salidas eran cada vez más arriesgadas. Apenas habían transcurrido dos meses desde que comenzaron su aventura, cuando su mujer se sintió mal. Henri puso proa al puerto más cercano, la llevó a un hospital y, aquella misma noche, murió. Henri, loco de dolor, sacó del barco todo cuanto pertenecía a su mujer, pero no podía desprenderse de ello. Lo amontonó en el chinchorro: ropa, zapatos, fotografías, sus libros, la música que había oído con ella, aseguró el montón con una red y ató el chinchorro con un cabo al velero. Así navega de puerto en puerto. Hay tardes que le ven llegar e instalarse en el amarre más apartado, el menos visible; él habla con el chinchorro que se mece a popa, y que acabará o por hundirse o por hundirle. De cuando en cuando lo vacía. Adecenta el contenido, vuelve a asegurarlo y se hace a la mar de nuevo hablando solo, volviendo los ojos atrás con frecuencia, para comprobar que su lastre le acompaña.

Cuando João terminó de contar la historia, mi madre y mi hermana tenían los ojos llenos de lágrimas.

—¡Es la historia más romántica que he oído en mi vida! —exclamó mi hermana, sin poder contener su emoción.

Belém la miró, distante.

—Es la historia del suicidio más probable que oirás jamás —puntualizó—. Ya os lo dije, en el mar no es posible sobrevivir con lastre. Hay que dejar atrás todo lo innecesario.

—Mi madre, de mi padre —intervino João—, solo conservó las guitarras, sus pañuelos y varios álbumes de fotos.

Mi madre se inclinó hacia Belém:

—¿Hace mucho que murió tu marido?

Belém asintió.

—João no había cumplido aún el año. Enfermó y no quiso desembarcar. Murió a bordo.

—¿Y qué hiciste? —preguntó mi madre, sobrecogida.

—Navegábamos por la costa de África. Era su deseo —se justificó Belém—. Estábamos a días de navegación de un puerto donde poder desembarcar y hacer los trámites necesarios. Decidimos enterrarlo en el mar y, al llegar a puerto, declarar que había desaparecido. Tras varios años, acabaron dándolo por muerto.

Le pregunté a João de qué nacionalidad era él, ya que había nacido en el mar, a bordo del Meltemi.

—Maltesa —respondió sin dudar—. Tenía que haber sido hindú, pero no apuntaron mi nacimiento en el cuaderno de bitácora hasta que no estábamos ya en aguas internacionales.

—Era lo más conveniente —se justificó Belém—. Chano era español, yo, aunque nací en Portugal, tengo nacionalidad brasileña. Iba a ser un lío, en cualquier caso, así que optamos por esa solución. Al fin y al cabo, el barco tiene bandera de Malta. En aguas internacionales la nacionalidad es la que marca la bandera y la bandera en el mar no siempre es la de tu país de origen, sino la más conveniente. Navegamos bajo todas las banderas, la que corresponde al país en el que el barco está matriculado y la bandera de las aguas que surcamos. Cada una en la posición reglamentaria. Pero lo cierto es que en el mar no hay patria...

ni tampoco patriotismo. Todos cuantos vivimos en el mar somos expatriados.

Lo que dijo Belém me dejó sin aliento. Un fragor de voces me cercó, voces de todos los días, voces en la calle, en clase, voces en el patio que catalogaban extranjeros, que ponían banderas a las facciones de un rostro, a sus actitudes, a sus aptitudes y hasta a su futuro.

Se me representaron las olas en el mar, llevando a lomos las fronteras, desplazándolas y disolviéndolas en espuma para levantarse de nuevo y acometer contra otra línea imaginaria. Fue cuando comprendí lo que significaba que los navegantes de la antigüedad se guiaran por las estrellas. El mapa del mar no son las costas, sino la rosa de los vientos, las estrellas, las corrientes y la voluntad por llegar a un destino en el que lo que importa son sus condiciones, su clima, no el color de su bandera.

—¿João nació en la India? —preguntó Inés, que perdía pie con frecuencia en la conversación, porque le faltaba una enorme cantidad de información.

—Sí, por accidente —puntualizó Belém.

Mi madre se había quedado pensativa y luego murmuró, como hablando para sí.

—Ahora entiendo…

—¿Qué entiendes? —curioseó Inés.

Mi madre se libró de contestarla mirando uno de los relojes y levantándose a toda prisa de la mesa.

—Si queréis llegar a tiempo a la plaza para el concierto, ya podéis ir ahuecando el ala. No os lo perderéis porque siempre se retrasan, pero ya tendrían que haber empezado.

—¿No vienes? —se extrañó Belém.

—No, ya me quedo recogiendo. Luego me arreglo un poco y voy a encontrarme con vosotros, pero nada, un momento, solo saludaros y me vuelvo, que mañana tengo mucho trabajo.

Belém dudó y luego dijo a mi madre que se quedaría para ayudarla y, al final del concierto, se encontraría con João junto al puerto para marcharse.

—Pero ¿no os quedáis a dormir? —preguntó mi madre.

Inés, que la noche anterior se había negado a desalojar su habitación, se apresuró a ofrecerla para Belém.

—No me importa dormir con mi madre, y los chicos pueden dormir juntos.

Mi madre no salía de su asombro.

A João se le abrieron tanto los ojos de felicidad que Belém no pudo negarse a dejar que se quedase con nosotros, pero ella anunció que dormiría en el barco y esperaría a João por la mañana. Aún había posibilidad de que permanecieran, al menos, un día más en Carena.

Inés se levantó como una exhalación.

—João, no irás a ir así, ¿verdad? Ese chándal es un espanto... Quiero decir, que no puedes ir vestido así.

Chinchorro perdió pie, su fe en la bondad del mundo estuvo a punto de naufragar ante un comentario tan frívolo y absurdo.

—¿Por qué? —preguntó, aturdido.

Noté que el cuerpo de Belém se tensaba como un arco a punto de disparar una flecha.

Inés rio tontamente y salió volando a mi habitación, sin esperar ninguna respuesta.

Belém se volvió hacia João.

—Podemos ver el concierto desde el otro lado de la plaza y volver al puerto directamente.

João estaba perplejo.

—Pero ¿por qué? No entiendo cuál es el problema.

Inés regresó con un polo que había cogido de mi armario y unos pantalones que se me habían quedado pequeños cuyos bajos iba doblando para convertirlos en bermudas.

—Son fiestas —dijo, como si fuese jefa de protocolo de la Casa Real—. Esto es mucho más adecuado.

João miraba estupefacto las prendas que Inés le tendía. Belém no pudo contenerse.

—¡Esto es ridículo! —exclamó, con evidente malestar—. ¿No vais a ver un grupo en una plaza pública? ¿Qué sucede? ¿Es que no va limpio, es una ropa indecorosa? ¿Por qué tiene que vestirse según unas normas que desconoce y que no están escritas en ningún lugar? —Se volvió hacia mi madre—. ¿Entiendes lo que te decía ayer de las normas? No sé por qué mi hijo tiene que pasar por esto.

Mi madre boqueó, incapaz de responderle. Yo me puse del lado de Belém una vez oí sus razones, y Chinchorro estaba perplejo, indeciso. Un chico de casi dieciséis años que sabía manejar un barco como el más hábil de los marineros, que se movía por su cubierta con la agilidad de un acróbata, que se desenvolvía en la vida como ninguno de nosotros dos, ni Inés ni yo, sabíamos, zozobraba porque juzgaban su aspecto no presentable.

—Bueno, son… costumbres —acabó diciendo mi madre—. Inés lo único que pretende es que no se sienta incómodo, que sea uno más. No lo hace por ofender, Belém. Míralo como una especie de restitución. Vosotros nos dejasteis ropa cuando la necesitamos y ella lo hace por cortesía, no por ofenderos. Es… un intercambio amistoso.

La madre de João apretó los labios, como si se reconviniese, como si su comportamiento no hubiera sido correcto.

—Lo siento, Carmen. Tienes razón, pero creo simplemente que es innecesario.

Inés seguía con las prendas en la mano, sin entender qué estaba pasando, pero sin pedir disculpas. Un silencio denso descendió sobre el salón. Los dos relojes lanzaban al aire su tictac desacompasado. Del canalón de la terraza goteaba agua con una cadencia irregular y el motor del frigorífico zumbaba en la cocina con un rugido moribundo.

—¿Entonces? —preguntó mi hermana, volviendo a tender el pantalón y el polo al frente, sin comprender una sola palabra de lo sucedido.

João miró las prendas incrédulo, como si fuesen piezas de un disfraz. Apretó los labios y negó con la cabeza, rechazando el ofrecimiento. Inés se volvió y tiró la ropa con aparente desenfado al sofá.

—Pues no sé a qué esperamos entonces —nos urgió.

João y yo la seguimos a toda prisa, dejando atrás el lastre de nuestras madres; cuando bajamos las escaleras me di cuenta, a mi vez, de que yo era un lastre para João e Inés, que caminaban muy juntos sin parar de reírse por nada, felices por el simple hecho de estar uno al lado del otro.

SOY UN COBARDE

Me arrepentí una y mil veces de la intrusión de mi hermana. Vi a mis amigos de lejos, pero no podía ir con ellos. Llevaba horas fantaseando con el momento en que Chinchorro conociera a Edu, a Nando, a Jose. Había pensado que en la primera ocasión que surgiese, nos separaríamos del grupo de mi hermana y nos acercaríamos a donde solía quedar con mis amigos. No deseaba perder la oportunidad de presentárselo, de hacerles saber que había conocido a alguien muy especial. Me negué a acatar la sugerencia de mi hermana de irme con mi pandilla, porque tampoco quería separarme de João, y este, a su vez, no estaba dispuesto a despegarse ni un milímetro de Inés.

Yo me aburría con las amigas de mi hermana, que rodeaban a João, muertas de curiosidad. Era evidente en sus gestos, en sus modales, que no era como ninguno de los chicos con los que ellas solían salir.

João repartía a raciones iguales su asombro por la gente que iba conociendo y sus excéntricas formas de comportamiento, y su interés por la actuación del grupo que, por cierto, no me parecía muy bueno. No tocaban temas originales, interpretaban canciones facilonas y un poco pasadas. Tan pronto tocaban un *rock* estridente como algo melódico. La noche era fresca y húmeda. Había chispeado un rato antes del concierto, pero el ambiente en la plaza estaba caldeado. La luna menguante asomaba entre nubes, con su resplandor mermado por la iluminación festiva. Gente de todas las edades brincaba en la plaza y cantaba, tratando de sobreponerse al ruido y hasta al propio grupo.

Inés bailaba ante el arrobo de João, que perdía a ojos vistas su aura de héroe, y de deidad marina para mí, porque yo había dejado de existir para él.

Y, de pronto, algo cambió todo: sonaron unos acordes que dejaron a João clavado en el suelo, el solista comenzó a cantar con una potente voz de bajo:

La maldición mil años hoy va a cumplir.
No moriré, yo soy un ser inmortal.
Hace mucho comprendí:
nada hay nuevo bajo el sol.
Nada me une a la vida.
He cerrado los ojos de los que amé
y nunca supe cómo decir adiós…

João estaba emocionado. Tras un momento de sorpresa, de parálisis, siguió la letra con intensa devoción, como si se tratase de un himno. Los que estaban alrededor se quedaron mirándolo estupefactos. Algunos lo señalaban riéndose. Chinchorro los ignoró, se volvió hacia mí y me dijo:

—Esa canción era de mi padre. Compuso la letra, la música, la cantaba...

Me reconcilié con él al instante. Todo en João era raro, excepcional.

Inés, que no quería perderse nada, preguntó a João qué era lo que sucedía y él se lo explicó a ella también.

—¿Tu padre? ¿Era cantante?

João asintió. La expresión de Inés se transformó. Laura, su amiga, le interrogó enseguida por el nombre de su padre, por canciones. Ellas no lo conocían, no habían oído nunca ese tema, pero vimos que muchos de los asistentes lo coreaban y se emocionaban.

No puede ser, yo vi tu sonrisa ya.
Tu palidez tiene algo familiar.
Estas luces de neón no me pueden engañar.
Vuelve de nuevo al pasado,
soy un cobarde.
No quiero sentir dolor.
Y nunca supe cómo decir adiós...

—¡Qué guay! —exclamé. A João, que no paraba de cantar, se le veía inflamado de orgullo—. Lo de la guitarra entonces lo has heredado de tu padre.

João asentía, sonriente.

—Esta es una de mis favoritas.

Y nunca supe cómo vivir
sin este miedo a decir al fin adiós.

Inés no dejaba de mirar a João de reojo, entre perpleja y arrobada.

João vio a nuestras madres a lo lejos y las saludó con la mano. Belém sonreía, cómplice. Él se abrió paso entre el gentío para ir a hablar con ella y mi hermana le siguió con la mirada.

—No sé si es un fanfarrón, un mentiroso, un imbécil o el chico más increíble que he conocido nunca.

Laura tecleaba concentrada su móvil y le enseñó a Inés la pantalla. Mostraba a un hombre con barba cerrada, gorra negra ladeada, vaqueros y camiseta negra.

—Míralo, ¿este es su padre?

Inés examinó todos los detalles.

—Tiene que serlo. Coincide... Así que no es un mentiroso. ¿A ver? Voy a buscar su biografía.

Se apartaron un poco del grupo y yo las seguí. Teníamos que hablar a gritos.

—Aquí no pone nada de la muerte que nos han contado —dijo Inés, decepcionada.

—No seas estúpida —le dije—, y deja de hablar de él a todo el mundo y de contar las cosas que nos cuentan. No le importan a nadie.

—Es que yo creo que la mayoría es mentira, que esto solo coincide un poco y el resto es fantasía, porque ni habla de Belém, ni de João, ni dice nada de un barco...

—¡Mira! —exclamó Laura—. Aquí pone que se retiró hace dieciocho años y que nadie volvió a saber de él y que fue dado por muerto hace doce.

Miré a mi hermana, triunfante.

—Y ahora, ¿puedes callarte ya? —bramé cerca de su boca. Ella retiró la cara.

—Pero ¿qué te pasa, imbécil? —me escupió.

—¿Qué te importa a ti nada de su vida? —le grité—. ¿No te das cuenta de que no es como nosotros o como tus amigos? ¿Por qué tienes que estar escarbando en cada cosa suya de la que te enteras? ¿Es que eres policía? ¿Y si él no quiere que se sepa nada?

Inés me miró, recelosa. Laura seguía leyendo, en el móvil, artículos sobre el padre de João y sus éxitos.

—A mí me estáis escondiendo algo —susurró Inés, acercando con brusquedad su boca a mi oreja—. Algo de lo que pasó ayer no cuadra, Chinche. O me lo cuentas todo o te juro que antes de que termine la noche toda la plaza se va a haber enterado de lo que sé hasta el momento y, si no lo sé, me lo invento, que es peor.

Vi que João volvía a acercarse, ignorante de lo que estaba sucediendo, hacia donde estábamos nosotros. Recordé que había jurado guardar el secreto y miré a mi hermana de reojo: nunca paraba hasta salirse con la suya. Me volví a ella y vociferé en su oído.

—Te prometo que te lo voy a contar, pero no esta noche. Mañana, en cuanto pueda —le aseguré, con la esperanza de tener tiempo suficiente para elaborar una verdad a medias que eludiese la importancia que tenía para ellos mantenerse lejos de las autoridades, que nadie se enterase del tipo de vida que llevaban.

Inés asintió, aún con un gesto amenazador, como si tuviera en las manos un arma mortal con la que podía disponer de mi vida.

Alguien pasó cantando a nuestro lado un verso de la canción de Chano:

—*Soy un cobarde, no quiero sentir dolor.*

No conseguí reunirme con mis amigos en toda la noche. Me limité a seguir a mi hermana, de la que João no se separaba ni un segundo. Como si ella fuera el barco principal y João su chinchorro, no el mío, encadenado a ella.

Mi hermana intentó que yo les dejase en paz cuando me puse pesado con que era la hora de volver a casa y João y yo teníamos que hacerlo juntos porque compartiríamos habitación. Para mi sorpresa, ella acabó cediendo y, en lugar de quedarse con sus amigos, regresó junto a nosotros, no altiva como una princesa, como hacía siempre, consciente de que muchos ojos se volvían a su paso, sino escuchando asombrada las historias que João le contaba sobre el canto de las ballenas, los bosques de coral, pecios hundidos que aún no habían sido rapiñados por los buscadores de tesoros. A ella le contaba maravillas que nos asombraban, pero yo prefería oír las historias que me contaba a mí: sus desembarcos por las noches en los puertos, sus reuniones en lugares de fondeo secretos con amigos que, como ellos, viven en el mar sin lastre.

NOMBRES Y HÉROES

Cuando nos metimos en la cama, después de que João hubiese declinado mi ofrecimiento de enseñarle a jugar a la consola, apagamos la luz y, al cabo de un rato en silencio, me preguntó quién era Forrest Gump.

—¿Forrest Gump? —dije extrañado—. ¿No sabes quién es Forrest Gump?

—No —susurró João—, y he oído a uno de los amigos de tu hermana decirle a ella que yo soy igual a él.

Me quedé helado. No sabía qué responderle.

—Es el personaje de una película muy famosa, da la sensación de que no encaja con nadie, porque tiene una forma de actuar diferente, es tan inocente como tú y pregunta cosas parecidas, pero siempre consigue ser un héroe.

Lo dejé ahí. Pensé que era una buena forma de explicarlo sin herirle. Lo que había dicho quien fuera no tenía ninguna gracia, era cruel.

A João le complació lo que le había contado.

—¿No ves nunca la televisión, ni cuando llegas a un puerto? —le pregunté yo, extrañado.

—No —susurró João—. Algunos amigos sí tienen una en su barco y la ponen cuando se pueden enchufar a una torreta en puerto. Hay televisiones que incluso pueden verse cuando navegas, porque están conectadas a las baterías, pero gastan mucha energía que luego hace falta para cosas más importantes. A mí me aburre. Nunca he conseguido estar más de quince minutos seguidos mirándola. Cuando era pequeño sí me gustaba ver dibujos animados, pero me parece que las películas son larguísimas y que no cuentan cosas interesantes, de verdad. Lo que sí me encanta, cuando llegamos a puerto, es ver los canales de regatas. Es muy emocionante. Se reúne mucha gente en el bar y todos seguimos las maniobras. Me gustaría muchísimo formar parte de una de esas tripulaciones.

—¿Regatas? —pregunté yo, extrañado.

—No las transmiten por televisión, hay que conectarse a los canales especializados a través del ordenador. Mañana, si quieres, le pedimos a Inés que lo intente o que busque vídeos y te las enseño. Compiten embarcaciones que se hacen especialmente para la ocasión. ¡Son grandiosas! Prácticamente vuelan por el mar. Pueden llegar a alcanzar casi el doble de velocidad que el viento.

—Bueno —dije. Yo no podía compartir su entusiasmo por el mundo marítimo y retomando el tema que me preocupaba, volví a la carga—: Entonces, ¿no sabes nada de superhéroes, por ejemplo? ¿No sabes quién es Spiderman o Superman o Hulk o Batman?

—Sí, sí sé quiénes son, leo cómics —respondió.

—¿Y cómo los compras? —le pregunté.

—No los compro. A veces, cuando tocamos puerto, buscamos una biblioteca. Los leo allí, pero otras veces nos hacemos un carné y los saco. Los leo en el barco y, cuando llegamos a otro sitio, los dejo en la biblioteca de ese lugar.

—¡Eso no se puede hacer! —le advertí, levantando la voz un poco—. Te ponen una multa.

—¿Y dónde van a ir a buscarme para ponerme la multa? —se rio João—. Mejor dejarlos en otra biblioteca que no devolverlos.

Visto así, había que reconocer que tenía razón.

—De todos modos, los superhéroes no me gustan mucho. ¿No te has dado cuenta de que todos viven en ciudades enormes, que ninguno habla de lo que sucede en lugares pequeños, en el campo, la montaña o el mar? Yo prefiero los personajes de los libros, esos son más de verdad.

—¿De los libros?

—Sí, John Silver, por ejemplo, o Gulliver; a mí me encanta Gulliver.

—Gulliver sí sé quién es, el de Liliput —le respondí—, pero no tengo ni idea de quién es John Silver.

—Es un personaje de *La isla del tesoro*, ¿te lo has leído?

—No —reconocí—, pero mañana, si quieres, podemos ver la película. Y, si te apetece, también *Piratas del Caribe*, esa seguro que te gusta muchísimo.

—¿En el cine? —preguntó, emocionado.

—No, pero podemos ir a la biblioteca y las sacamos y las vemos aquí, y si tienes cómics que devolver, los dejas.

—¿Y si no las tienen en la biblioteca?

—Pues las alquilamos —le dije—. Tú no te preocupes. Alquilar las películas es como sacar libros de la biblioteca, pero pagando algo.

De pronto se me ocurrió una idea genial.

—Oye, si mañana te quedas todo el día, podemos ir al videoclub y yo te voy contando las películas que he visto. Sacamos alguna, la que más te apetezca y, por la tarde, si vienes conmigo y mis amigos, o con los de Inés, ya sabes quiénes son algunos personajes y no te pasa lo que te ha pasado hoy.

—Vale. Así no resultaré tan raro, ¿no?

Asentí y me di la vuelta en la cama, pero no podía dormir. João me dio la misma pena que inspiraba a mi madre. No compartía casi nada con nosotros, su imaginación discurría por otros caminos. Entendí por qué Belém lo protegía tanto, por qué le costaba dejarle que se quedase con nosotros. La inmersión en nuestra forma de vida le hacía consciente de las diferencias. Me pregunté si se podía vivir sin saber quién es Forrest Gump o Jack el Largo y la respuesta era que sí, pero no con nosotros.

Luego pensé si João se preguntaría si se podía vivir ignorando quién es John Silver, y me di cuenta de que él estaría pensando lo mismo de mí, pero al revés, y me propuse ver *La isla del tesoro* y quizá, algún día, leerla. También vería unas regatas, para saber si eran tan emocionantes como aseguraba.

Cuando nos despertamos al día siguiente, mi madre ya no estaba, se había marchado a trabajar. Eran pasadas las diez de la mañana. João se sobresaltó. Había prometido a su madre ir a buscarla al puerto a primera hora. Nos pusimos el desayuno y salimos a toda prisa, Inés ni siquiera se había levantado.

Belém estaba seria cuando llegamos. João no se excusó.

Mis planes de ir al videoclub se vinieron abajo. Tenía que ayudar a preparar el Meltemi.

—No podemos quedarnos más días aquí. Vamos a acabar llamando la atención —zanjó ella, cuando João le propuso esperar uno o dos días más.

La actividad en la radio, por lo que pude comprobar, se había disparado por la mañana precisamente por ese motivo. En algún momento habían aconsejado a Belém moverse, una navegada corta al menos, para volver a puerto por la noche. Elisa llamó por radio a Belém, que acudió al momento a la gasolinera.

Hacia mediodía, Belém regresó al Meltemi y le dijo a João que había que zarpar en una hora. João protestó. Adujo que la previsión no era propicia. Se había levantado nublado y ya había caído una llovizna muy molesta durante poco más de media hora. Yo le supliqué que se quedasen un día más, pero ella se mostró inflexible.

Todo cambió cuando poco después apareció en el pantalán un hombre con una bolsa muy voluminosa. Rodeó el barco y fingió llamar por radio:

—Barbacoa llamando a Albura, ¿me copias?

Belém salió a cubierta y saludó entusiasmada al recién llegado.

—¿Sabes quién es Barbacoa? —me preguntó João, y como yo negué, me dijo—: John Silver, el pirata que te dije ayer. Barbacoa es un amigo con el que nos solemos encontrar a veces y se puso ese nombre precisamente por *La isla del tesoro*.

—¿Todos tenéis nombres distintos de los vuestros? —le pregunté.

—Yo por ahora no, pero a partir de este momento voy a hacerme llamar Chinchorro.

—¿Y tu madre? ¿Qué nombre tiene cuando la llaman por el barco?, ¿Albura?

João se sorprendió.

—No, Albura es el nombre en clave del barco. El nombre en clave de mi madre es Belém, el que le puso mi padre cuando la conoció, porque se vieron por primera vez en un puerto que se llamaba así.

—¿Y entonces cómo se llama tu madre de verdad?

João se encogió de hombros.

—¿Y qué más da? Los nombres aquí son como disfraces, no son importantes, y se cambian cuando es necesario.

La cuestión, por lo que entendí, era que Barbacoa debía desplazarse a Santa Marina para ayudar a reparar un barco con una avería seria. Barbacoa era especialista en hacer esas reparaciones, que al parecer eran carísimas, con mangueras de regar. Necesitaba ir y volver en uno o dos días y Elisa le había sugerido que se pusiera en contacto con Belém.

Pero lo verdaderamente importante fue que aquel imprevisto nos daba uno o dos días más para que João se quedara en Carena conmigo, porque Barbacoa era un experto navegante y los dos solos, él y Belém, se bastaban incluso en condiciones tan poco favorables como las que auspiciaba el parte meteorológico.

João recogió algunas de sus cosas del barco: un par de sudaderas, un pantalón, traje de baño, ropa interior y partimos entusiasmados a casa, felicitándonos por nuestra buena suerte.

Lo primero que hicimos fue pasarnos a alquilar dos películas y luego ir a casa a comer, aunque ya era tardísimo. Inés nos esperaba, como era habitual en ella, viendo la tele. El plan de quedarnos por la tarde en casa y salir de noche a las fiestas le pareció tan apetecible a la vista del día tan asqueroso que hacía que se apuntó al instante sin pedir permiso, pero yo ya sabía que João se lo habría dado al instante, sin consultarme, de modo que al final sentí que el acoplado era yo, y no mi hermana, y que tendría que renunciar al propósito de salir con mis amigos si quería estar con João.

Pero nada iba a salir según lo previsto. Nando vino a buscarme a casa, habían conseguido un buen puñado de petardos y era nuestra costumbre irlos a explotar a la antigua fábrica abandonada. Me gustó que me hubiesen tenido en cuenta. Le expliqué que teníamos un invitado. Nando miró a João, apalancado en el sofá y tapado con la misma manta que mi hermana. Los dos parecían absortos en la pantalla. Sorprendentemente, João no hacía preguntas, imaginé que porque no quería meter la pata ante Inés.

—¿Quién, ese? —señaló Nando.

—¿Se puede venir?

Nando frunció un lado de la cara. Era una ceremonia privada, un rito que repetíamos todos los años nosotros solos.

Inés, hasta entonces enfrascada en la película, detuvo el vídeo.

—¿Por qué no te vas con tus amigos a dar una vuelta, Chinche? No te preocupes que no me voy a comer a João. No creo que le apetezca mucho ir a pasear calle arriba y abajo.

João me miró y asintió.

—Me gustaría terminar de verla. Podemos quedar luego, si te viene bien. Tampoco quiero estorbarte.

Fui consciente de que me estaban echando de mi propia casa. El que estorbaba era yo. Fui a mi habitación a coger un chubasquero. La tarde amenazaba una llovizna pertinaz, de esas que te calan. Cogí también mi mochila impermeable, por si hacía falta para trasladar los petardos.

—¡Hasta luego! —me despedí, de mal humor, y me fui con mis amigos a explotar la mejor colección de petardos que habíamos reunido en nuestra vida.

Cuando volví, Chinchorro e Inés seguían en el sofá de casa. Vi que João estaba muy rojo. Como si tuviese muchísimo calor. Mientras dejaba el chubasquero y la mochila en mi habitación, João se encerró en el baño. Inés había empezado a poner la mesa con desgana para cuando mi madre llegase. Me miró con cara de tener un secreto y me acerqué a ella.

—¿Qué pasa? —le pregunté, con la mosca detrás de la oreja.

—Tu amigo es el chico más ignorante que he conocido en mi vida. No se me olvida que tienes algo que contarme, porque no me encaja nada.

—Pero ¿qué ha hecho? —me alarmé.

—¡No sabe besar! —exclamó Inés, escandalizada—. No tiene ni idea de nada.

No pudimos continuar la conversación. Mi madre, que ya estaba informada de que Chinchorro se quedaba uno o dos días más con nosotros, abrió la puerta. Iba cargada con un paquete que dejó sobre la mesa. Era para João: un polo, una camiseta y un pantalón que se pondría cualquiera de los amigos de Inés, incluso uno de mis amigos.

RIZAR VELAS

Salimos también aquella noche, pero yo pasé poco tiempo con João e Inés. Me reuní con mis amigos y los veía a ellos sin despegarse, a ratos de la mano. La orquesta de la plaza no tenía ningún interés y todos estuvimos rondando por las atracciones. Me gasté todo el dinero que me habían dado para las fiestas en tiques para los coches de choque, para la caseta de tiro y aún me sobró algo para la barca. Inés me pidió una parte para poder montar con João. Yo se los di de mala gana.

No me hubiera importado compartirlos con él, lo que me importaba era compartirlos con mi hermana, que se había apoderado de João y lo había idiotizado. Le advertí a Inés que teníamos que volver a casa todos juntos, ella se negó.

—Déjanos a nuestro aire, Chinche. Tú lo mismo te aburres. Va a volver conmigo, no te preocupes que no se va a perder en casa de la puerta a tu habitación. Y, además, tú duermes como un tronco. Seguro que no te despiertas cuando lleguemos.

Aquella noche alcancé mi puntuación récord en la caseta de tiro gracias a un tipo que se gastó una fortuna en tiques y ganó el premio de la minimoto que todos ambicionábamos. Mis amigos y yo seguimos su progreso hablando con él, elogiando su habilidad, y él, cuando nosotros tirábamos, nos corregía, nos enseñaba trucos, nos dejaba la misma arma que manejaba él a la que ya le había cogido el tranquillo.

João, que trataba en la misma caseta de obtener un peluche para Inés, estaba atento también a sus indicaciones. Era tan inocente en el uso de la escopeta como con todo lo demás, pero aprendió rápido y se hizo con dos muñecos, uno para Inés y otro para su madre. Cuando lo tuvo entre sus manos se quedó mirándolo pensativo.

—Se lo daré a la vuestra —nos dijo—, mi madre no va a querer tenerlo. No tiene ninguna utilidad. Es lastre.

—¿No le haces regalos a tu madre? —preguntó Inés, escandalizada.

—Canciones —respondió João, como si fuese lo más normal del mundo—, le escribo canciones y se las canto cada vez que quiere. Las canciones duran para siempre y no ocupan espacio.

—¿Me escribirás una a mí?

Inés se acercó a él, tomándole por la cintura, zalamera. A mí me dio dentera.

João se sonrojó.

—Ya tengo una aquí —dijo, golpeándose la sien con el índice.

—¿Me la cantas?

Supe que en ese momento se irían solos. Ni las atracciones ni el ambiente tenían ya ningún interés para ellos.

Se alejaron, amartelados, en dirección al camino del bosque.

Yo volví a casa poco después de consumir todos los tiques que había conseguido conservar.

João e Inés llegaron muy tarde. Los esperaba sin pegar ojo, aunque fingí que João me despertaba al entrar en la habitación.

—¡Lo siento! —se disculpó.

—¿Qué hora es? —pregunté, amodorrando la voz a propósito.

—Son las cinco pasadas.

—¿Qué habéis estado haciendo hasta tan tarde?

João vaciló.

—Pasear, dar una vuelta con los amigos de Inés... Tus amigos también son muy simpáticos.

—Ya —contesté—, y eso que no los conoces a fondo. Mañana, a lo mejor, puedes venir con nosotros. Seguro que te encantan.

João no respondió, pero un momento después me dijo en voz baja, preocupado, como pidiéndome una explicación que le hiciese comprender algo que se escapaba a su entendimiento:

—Aquí la gente se agrupa. Un grupo no tiene que ver con otro, no se juntan.

—Es normal —le repliqué—, eliges a tus amigos por ser diferentes, no eliges a otros, o a veces otros que quieres que te elijan, no te aceptan.

—Me resulta difícil de entender —se lamentó João—, todas las personas con las que nosotros tenemos contacto somos como una familia y, si vemos que alguien nuevo está en apuros, no pensamos ni por un momento en si lo vamos a aceptar o no. Le ofrecemos nuestra ayuda para que no se sienta perdido y solo.

—Imagino que os une el que todos vivís de una forma parecida. Aquí no; además, tenemos que elegir.

—¿Elegir? ¿Por qué?

—Somos muchísimos, Chinchorro —le dije, señalando una evidencia que él no se había detenido a contemplar—. No está solo la gente de aquí, también está la de otros pueblos y que vienen al instituto. ¡Somos cientos y cientos! No hay tiempo suficiente para conocer a todos.

João permaneció en silencio.

Al día siguiente dejó de llover, aunque el tiempo era desapacible. Chinchorro miraba con frecuencia el estado de la mar, visiblemente preocupado. Su madre le había transmitido a través de Elisa, que a su vez había llamado a mi madre, que no regresaría hasta bien entrada la noche. Teníamos otro día por delante que João consumiría con toda probabilidad viendo películas con Inés, en pijama. Inés, efectivamente, no tardó en salir de su habitación con la ropa de dormir, pero la raya ya pintada. Lo único que no había hecho era extenderse ese maquillaje que la hacía parecer un muerto viviente.

Mi hermana, al natural, tenía menos aspecto de cadáver. Hasta me daba la sensación de que no era como una muñeca. João la seguía hipnotizado, pero, aun así, durante esa mañana, que pasamos en casa, salió con frecuencia a la terraza. Una de las veces que yo le acompañé, señaló hacia el mar:

—Mira, todos los veleros han rizado velas.

Le pregunté qué significaba eso. Me explicó que era reducir su superficie para controlar el avance, para no exponerse tanto al viento cuando este soplaba con demasiada fuerza.

Me fijé y, a lo lejos, parecía que las velas estuvieran como una bandera a media asta.

El día transcurrió entre película y película y João le pidió después a Inés que buscara vídeos de regatas. Nos fue explicando las características de los barcos. Las imágenes eran preciosas. Muchos tripulantes se afanaban en las cubiertas y había momentos en que el barco parecía volar sobre el agua. No salimos de casa hasta por la tarde. Ya no teníamos dinero y aún nos quedaban por delante dos días de fiestas. João estrenó la ropa que mi madre le había comprado. Parecía uno más de nosotros y era evidente que él se sentía a gusto con su nuevo aspecto. Ya no llamaba la atención y saludaba a sus nuevos conocidos con naturalidad. João e Inés repartieron su tiempo entre sus amigos y los míos. A Edu, Nando y Jose, Chinchorro no les resultó tan especial. Yo me di cuenta de que los días que había pasado con nosotros le habían transformado y su brillo inicial se apagaba por horas. Me preguntaba si sería posible que se quedase a vivir en Carena o si, como él parecía temer, tan solo le quedaban horas para volver a zarpar y era por eso por lo que se le veía mustio.

João tenía el mismo aspecto que las velas que me había mostrado durante el día.

Su ánimo se ensombrecía a medida que el sol se hundía en el horizonte e Inés, solícita, no paraba de preguntarle qué le sucedía. Chinchorro no respondía.

Acabamos regresando a casa al filo de la una, no sin antes pasar por el puerto y comprobar, para tranquilidad de João, que el Meltemi estaba amarrado en un muelle apartado. Las luces del interior estaban encendidas, pero

João no quiso acercarse. Nos dijo que temía que, si entraba a saludar a su madre, esta no le dejaría pasar una última noche con nosotros, y nos escabullimos en silencio.

Yo me di cuenta de que Elisa, que estaba sentada en una torreta no muy lejos, nos vio, pero preferí no intranquilizar a Chinchorro y no le dije nada.

Nunca supe si Elisa le dijo algo a Belém de nuestra visita. De haber sospechado en ese momento que podía irse de la lengua, le hubiera exigido un juramento de silencio como ella hizo conmigo. Me lo debía.

Yo no me sentía muy a gusto dándole esquinazo a Belém. Me parecía una traición.

Me costaba seguir el paso a Inés y Chinchorro, que caminaban abrazados por la cintura y se soltaron cuando llegamos a nuestra calle, como si tuvieran algo que ocultar.

Las luces en casa estaban apagadas y en el cielo no conseguí identificar por primera vez la Estrella Polar, la estrella por la que los hombres de mar se han guiado en sus travesías por el hemisferio norte.

JURAMENTOS

Cuando llegamos a casa, mi madre había dejado una nota sobre la mesa del comedor. Nos decía que Belém me invitaba al día siguiente al barco, por la mañana, si quería madrugar. João, en cualquier caso, tenía que llegar temprano porque el plan era pasar el día navegando.

Aunque a Inés no se le había perdido nada en el mar cuando días atrás Juanjo la había invitado a ella a su barco, se mostró terriblemente molesta con el hecho de que la invitación no la incluyera.

—¿Cómo que Chinche? ¿Y yo? —preguntó, sin la más mínima delicadeza, sin importarle poner a Chinchorro en un compromiso.

João se apresuró a decir que, por supuesto, ella también estaba invitada, aunque se notaba que la propuesta de pasar el día en el barco a él no le entusiasmaba. Le aguardaban tantos descubrimientos en tierra, que parecía que quisiera poner distancia.

Cuando João entró en el baño, aproveché para decirle a Inés que no podía venir, que Belém no la había invitado y ella desoyó mi advertencia alegando que simplemente se le había pasado o que había pensado que a ella no le apetecería, pero que sí le interesaba, y, aún más, lo deseaba mucho. Yo le pregunté si no tenía nada mejor que hacer en fiestas, y ella me respondió muy firme que no, y que no se le olvidaba mi promesa de que tenía que contarle todo lo sucedido el día que conocimos a João, porque no era ninguna tonta y sabía perfectamente que eran ellos los que nos habían recogido y que no entendía que le hubiésemos ocultado eso y muchas otras cosas.

—Aquí hay gato encerrado —dijo, entornando los ojos.

Nos interrumpió João, que salió, y yo aproveché para arrastrarle a mi habitación, cerrar la puerta y echar el pestillo con la excusa de que mi hermana era una entrometida. Imagino que mi posesividad sobre él le resultó molesta, pero no protestó.

Antes de dormir João me dijo que echaba de menos sus guitarras, que le gustaría salir a la terraza a tocar la acústica, cantar todas las canciones de su padre y otras canciones de músicos con los que había grabado no discos, sino cintas que guardaban en el barco y en las que se oía a cantantes increíbles y primeras versiones de canciones que luego habían triunfado.

Aquella noche le pregunté qué era lo que más y lo que menos le había gustado de los días que había pasado con nosotros.

La persiana estaba abierta y los ojos de João brillaban en la oscuridad. Pensó largo tiempo antes de responder.

—Lo que menos me ha gustado ha sido vuestro instituto —dijo, bajito—, lo que más, no te lo puedo decir.

Yo me levanté sobre el codo.

—¿Cómo no vas a poder decírmelo? —protesté—. Hace unos días me salvaste la vida, y viste cosas que no me hubiera gustado que viese nadie. No tengo ya ningún secreto para ti y ¿tú no me puedes decir qué es lo que más te ha gustado?

Chinchorro chasqueó la lengua en la oscuridad.

—No es que no quiera, es que no debo. Lo que sí te puedo decir es que me he dado cuenta de que a vosotros os pasan muchísimas cosas, que vuestra vida no para de moverse. A mí no me pasa nada, ¿sabes? Casi todos los días son iguales para mí. Tú vives no solo con tu madre, sino con Inés. Veis todos los días a un montón de gente. —João dudó un momento antes de seguir—. No me extraña que tu hermana sugiriera que me cambiara de ropa cuando llegué. Parecía un bicho raro al lado de sus amigos. A mí no me importa qué llevo porque nadie me ve y el hecho de que nadie me vea me hace portarme, ser, vestirme y hasta hablar de una manera distinta a como lo haría si viviera como vosotros. No sé nada. Soy feliz con vosotros, pero no sé qué hacer. Veo cosas que me gustan, como compartir la vida con los amigos, y cosas que no me gustan, como que parece que toda la carga pesada de vuestra vida no la lleváis vosotros, sino vuestros padres. Sois muy sabios para algunas cosas y muy ignorantes para otras. Pero yo siento que soy un imbécil. No sé de qué hablar, no conozco la mayor parte de las cosas que hacéis ni comparto las que os interesan. Y no me gusta ser un bicho raro.

—No te creas —susurré, después de un momento de silencio en la habitación, en el que se pudo oír un coche circular por la calzada y luego el ruido de cerrar las puertas y pasos que resonaban en la calle vacía. El viento traía a ráfagas melodías que aún sonaban en la plaza—, yo también soy un bicho raro. Me siento como un bicho raro. Soy torpe, no le gusto a ninguna chica de mi clase, porque o les gustan los mayores o los que son de mi edad, pero parecen más mayores, aunque a mí sí me gusta una chica que ni se ha enterado de que existo...

João me interrumpió.

—¿Te gusta una chica? ¿Es de aquí? ¿De qué la conoces? ¿Cómo se llama?

—Se llama Yolanda —le confesé—, es de mi clase y vive en Carena, pero va con gente con la que no me llevo, así que solo la veo en el instituto y ni siquiera puedo hablarle, porque en clase se sienta en la otra punta y en el recreo no me atrevo a acercarme. Ya ves —dije tras una breve pausa—, en tierra no es tan fácil como tú te piensas. Es como si viviésemos en islas separadas. Y aquí no hay radio... tenemos las redes, pero no te valen de nada si no te quieren seguir y como no ponga en mi perfil la foto de alguien que no sea yo... no veo cómo podría conseguirlo.

—Inés salía con alguien, ¿no? —me preguntó.

—Ahora dice que no. —Me encogí de hombros—. Salía con el chico más pasado de vueltas de todo el instituto. Tiene moto, y eso a las chicas les gusta, pero es idiota.

—¿Y dónde está ahora? —se interesó João.

—Ni lo sé ni me importa —zanjé—. No me cae nada bien. Ojalá haya cortado para siempre con él y no le vuelva a ver nunca más, como mi madre a Juanjo.

—¿Ya no sigue con él?

—No —dije, tajante—. No después de lo que pasó. Eso me juró.

—No paramos de hacer juramentos —dijo João.

—¿Tú también?

—Sí, a mi madre. Le juré que en el momento en el que ella lo dijera, zarparíamos y yo no protestaría.

—¿Y vas a cumplirlo? —le pregunté.

—¿Para qué son los juramentos si no es para cumplirlos, aunque nos sintamos tentados de no hacerlo? Una cosa es retrasarlos y otra no cumplirlos.

Pensé en el juramento de silencio que había hecho y en mi compromiso de contarle a Inés lo que había sucedido.

No sé en qué momento me quedé dormido, porque no recuerdo nada más.

Mi madre nos despertó pasadas las siete. Yo cabeceaba sobre el vaso de cacao.

El sol se alzaba lejos, en el horizonte, en el cielo se abrían claros de color violeta, salpicados por nubes encendidas como una hoguera. João no apreciaba el día en sí, sino la promesa de una navegación tranquila. El mar, aunque picado, tenía el color del estaño, no del plomo.

—Va a ser un buen día. Movido, pero un buen día.

Inés salió de su habitación en camiseta y pantalones cortos. Si vestida y pintada parecía un cadáver de película, recién levantada tenía un aspecto lastimoso: pálida y ojerosa, como una enferma terminal.

Pero me di cuenta de que João, que aún estaba en la terraza, no pensaba lo mismo que yo cuando se volvió a mirarla. Yo vi que mi hermana fijaba en él sus ojos, sonriéndole. Al verlos reparé en que era Inés lo que más le gustaba a João, lo que no me podía contar. Creo que mi madre también lo advirtió y lo dejó pasar, con un gesto que no supe interpretar.

—¡Qué bella, Inés! —exclamó João—. Eres más bella sin... sin... —Gesticuló trazando las rayas de los ojos y pasando la mano por la cara.

—¡Qué dices! —protestó ella, escandalizada—. Parezco una muerta.

—Cuando pareces una muerta es cuando te pones esa capa de mugre encima —zanjé, fastidiado por el tono con el que la mañana había comenzado—, así solo estás tan fea como eres.

—¡Cállate, Chinche! —me reprendió mi madre, sorprendiéndome, porque era la única que siempre me llamaba por mi nombre, y el uso de mi apodo tenía un tono de reproche que me hirió.

—Cuando te pintas los ojos —dijo João, sin dejar de mirarla y sentándose a la mesa— parecen agua al fondo de un pozo oscuro, pero así, limpios, son como el mar.

Inés enrojeció. Vi que las palabras de João la habían conmovido. Mi madre no hizo ningún comentario, pero sonrió para sí y movió la cabeza.

Desayunamos sin intercambiar ni una palabra. Inés se bebió de un trago un vaso de leche, se levantó enseguida y se dirigió a su habitación. Mi madre fue a la cocina y mientras se afanaba en ella, salió mi hermana vestida con los mismos pantalones cortos, camiseta de manga corta y sandalias. João negó con la cabeza y le advirtió que se pusiese zapatillas con suela de goma y cogiese una sudadera y pantalones largos, porque todo apuntaba a que en alta mar iba a soplar un viento fresco. Sin rechistar, mi hermana regresó a su cuarto, se cambió el calzado y salió metiendo prendas en una mochila. Mi madre, que nos había preparado bocadillos a todos y cargaba con la bolsa, se la quedó mirando con un gesto severo.

—¿A dónde vas tú, señorita? No estás invitada.

Inés vaciló.

—La he invitado yo —la defendió João al momento—. Y muchas gracias por los bocadillos, Carmen, pero no se tenía que haber molestado. Haremos la comida a bordo. A lo mejor incluso pescamos y podemos comer lo que capturemos.

Mi madre no se dio por vencida.

—No me parece bien que Inés vaya con vosotros. Tu madre me dijo que le apetecía daros una vuelta a Miguel y a ti, no dijo nada de ella. No ha contado con Inés y tampoco le he preparado nada.

Vi que mi hermana palidecía. No estaba ofendida o irritada, sino descolocada. En contra de lo que era habitual en ella, no se enfrentó a mi madre como una leona, sino que se dirigió a ella suplicante:

—Por favor, mamá. João me dijo anoche que yo también podía ir. He madrugado. No molestaré. Si Belém me dice que me marche, lo haré. Te lo juro.

Pero me di cuenta de que su juramento no tenía ningún valor, porque contaba con que la madre de João no le impediría embarcar.

Mi madre seguía sin estar convencida, pero se hacía tarde.

—Puedes acompañarnos, pero no te hagas ilusiones... —le advirtió.

Nos pusimos todos en camino, y al llegar al final de la calle, mi madre, en lugar de desviarse directamente a su trabajo, nos acompañó al puerto seria, dándole vueltas a algo que yo no podía adivinar y que la entristecía.

El Meltemi no estaba en el mismo amarre de la noche anterior. Estaba en el de cortesía, en el que se detienen los barcos de paso. João se sobresaltó y, sin esperarnos, tomó la delantera. No entendí por qué, pero luego lo supe. El cambio de lugar significaba que había alguien más a bordo, alguien que había ayudado a atracar de nuevo.

Mi madre frunció el ceño.

—Seguro que se marchan hoy o mañana mismo. Pobre criatura, ¡qué vida lleva! ¡Sin amigos, sin compañeros, de aquí para allá!

—¿Qué dices? —preguntó Inés, sobresaltada.

No hubo ninguna respuesta, solo un silencio tenso, que cortó de raíz la posibilidad de hablar sobre el tema.

Inés me miró a mí, yo me hice el despistado. Se puso a mi lado y me pellizcó el brazo, como lanzándome una advertencia. Se había dado cuenta de que mi madre y yo guardábamos el mismo silencio cómplice y que el secreto que compartíamos la excluía a ella. Mi hermana no toleraba quedarse al margen de nada. Siempre había sido como una peonza, girando sobre sí misma, incapaz de atender a nada que no fuera lo que le atañía.

Chinchorro había desaparecido de nuestra vista y nos sobresaltamos al escuchar una exclamación que no sabíamos si era de alegría o terror. Su tono nos hizo acelerar el paso y, al avanzar, vimos a João abrazado a un hombre muy corpulento, con la piel tan seca y curtida que parecía de cuero, ojos pequeños, de un verde muy claro, casi transparente, y barba rubia entrecana. Belém los miraba sonriendo. Se la veía feliz.

—¡Patxi! —João no dejaba de pronunciar su nombre—. ¡Patxi!

Belém saltó al pantalán y dio un beso a mi madre.

—¿Vas a poder unirte a nosotros? —le preguntó, sonriendo.

Mi madre negó con la cabeza con pesar.

—Pero os he preparado algunas cosas —dijo, tendiéndole la bolsa.

—No tenías que haberte molestado —repuso Belém—. Tenemos de todo a bordo.

Antes de que mi madre pudiese replicar, João obligó a Patxi a saltar al pantalán.

—Voy a presentarte a mis amigos: este es Chinche, nos conocimos hace solo unos días, pero no nos hemos separado casi ni un minuto, y esta es Inés. Se vienen con nosotros a navegar hoy.

Vi que mi madre miraba a Belém, y que esta mantenía los ojos fijos en mi hermana.

—Perdona, Belém, yo no sabía nada, esta mañana me han dicho que João... —comenzó a disculparse.

—No pasa nada, Carmen —respondió Belém—. Solo espero que no se maree.

Inés dio un par de besos a Patxi, y este, tras mirarla con una sonrisa enigmática, se dio la vuelta y se acercó a mi madre para presentarse.

—Soy un amigo de la familia, un amigo muy antiguo.

Me chocó su forma de hablar: amigo antiguo, muy antiguo, realmente parecía de otra época, de la de los marineros de *Moby Dick*.

—¡Todos a bordo, *chusma*! —exclamó Belém, estirando los brazos, como abarcándonos.

Vi que mi madre se ponía seria.

—¡Por Dios, Belém! —la reprendió Patxi—. Significa «tripulación» en portugués —se apresuró a explicar—. Belém a veces mezcla palabras. Hay que acostumbrarse. Hoy va a ser un día de descanso para ella. João y yo estaremos al mando.

Patxi sonrió, tomó a Belém por la cintura y la empujó para que volviera al barco.

Los seguimos. Tras ellos subió João que al momento se volvió para tender la mano a Inés y ayudarla. Vi que mantenían las manos juntas un poco más de lo necesario. Luego me ayudó a mí. Yo me dirigí a la bañera y, mientras me despedía de mi madre con la mano, le dije:

—La próxima vez que libres, tomo el mando y tú vas a tener tu jornada de descanso.

Ella sonrió e hizo un gesto, como mandándome a freír espárragos. Inés ni se despidió, estaba emocionada, mirando abrumada el barco, buscando un asidero, temerosa.

—Los dejaremos en el puerto al anochecer —advirtió Belém y, al momento, João ya había soltado las amarras y Patxi viraba hacia la bocana del puerto.

Mi madre iba convirtiéndose en una figura diminuta que seguía diciéndonos adiós en el muelle, como si emprendiésemos un viaje muy muy largo.

Belém se sentó a mi lado y João llevó a mi hermana a ver el interior del barco. Yo preferí quedarme en cubierta.

PATXI

Patxi era un hombre de mar, se apreciaba en su forma de navegar. Parecía capaz de dominar las aguas solo con su mirada. El mar y Patxi eran íntimos, como esas parejas que juegan al mus en el bar en el que trabajaba mi madre, no tenían que hablar para entenderse.

Repasaba con la mirada minuciosamente el estado del Meltemi. Tras aprobarlo y elogiar algunas mejoras de las que Belém se había encargado, sugirió revisar un par de elementos antes de que llegara el invierno. No era urgente, recalcó, todo estaba en orden, pero era una forma de evitar un incidente.

—Habría que contactar con Moluscos. Ha dejado nuevos el Brandy y el Aleutias en poco menos de dos días y sé que necesita un intercambio —dijo.

Belém, por primera vez desde que la había conocido, iba relajada. Sentada en el banco de la bañera, abrazándose las rodillas, miraba hacia popa vigilando si picaba algo. Nada más salir de la bocana del puerto habían aparejado una caña con un carrete descomunal y habían puesto a modo de cebo una rapala que imitaba un pequeño pez blanco y rojo. Lo habían elegido, según me explicaron, por las condiciones del día, con no demasiada luminosidad. Yo no sabía hasta entonces que la pesca era una forma de arte del engaño, una forma de pensar con el cerebro de un pez y no de un humano.

—¿Qué clase de intercambio necesita Moluscos? —preguntó, pasado un momento.

—Un buen repaso al tormentín, nada que tú no puedas hacer —dijo Patxi, sin dudar, con aire distraído.

Su relación con Belém era como la relación que mantenía con el mar. No hacía falta hablar apenas, se entendían y exploraban sus estados de ánimo sin palabras, solo con la cercanía. Imaginé que era por todo el tiempo que habían pasado juntos, por los años que hacía que se conocían y porque eran muy afines, semejantes entre ellos y distintos a nosotros, a todos los que vivíamos en tierra.

Del interior del barco llegaban las voces de João e Inés. Ella no dejaba de lanzar exclamaciones de asombro, mientras él le enseñaba los camarotes y el recinto principal. Inés curioseaba por todas partes, abriendo armarios, tambuchos, haciendo una inspección a conciencia.

Pese a que iba abrigado, tenía frío, pero por nada del mundo me hubiera reunido con Chinchorro e Inés. Navegábamos a toda vela. Habían izado la mayor y el génova. El barco avanzaba veloz y majestuoso empujado por un viento constante y moderado. Las olas se sucedían con regularidad. A veces nos salpicaban. Yo cerré los ojos. Me gustaba el olor del mar.

De pronto se oyó el rasgueo de la guitarra de Chano y João comenzó a cantar:

Qué tiene tu veneno
que me quita la vida
solo con un beso.

Las notas se elevaban por el aire y planeaban como gaviotas. Había tanta emoción en su voz que hasta el mar pareció enmudecer.

Advertí que Patxi y Belém intercambiaron una mirada de alarma. Belém se removió incómoda, y abandonó su puesto en popa para acercarse a la escotilla.

Dependencia bendita,
invisible cadena que me ata a la vida.

Por la atención que Patxi prestaba a la canción que Chinchorro cantaba para Inés y la actitud repentinamente hosca, huraña, de Belém, supe que algo no iba bien.

Se me ponen si me besas
rojitas las orejas[*].

Por la expresión de ambos tuve la certeza de que estorbaba, de que, haciendo honor a mi nombre, en ese momento colonizaba el tejido de una relación que necesitaba hablar sin la intromisión de mi presencia y que el centro de esa conversación iba a ser João, un dilema que se había planteado

---

[*] Letra de la canción *Rojitas las orejas,* de Fito Cabrales.

en los días precedentes y que mortificaba a Belém. Un tema que tenía que ver con Inés y Chinchorro.

No era un día radiante, soplaba viento del noreste y navegábamos de ceñida en dirección al noroeste, arrullados por el batir constante del agua. La proa del Meltemi cortaba las olas limpiamente, era como ir a lomos de un corcel sereno y dócil. Era mi segunda navegada. No me mareaba. La navegación en velero es silenciosa y la vista del mar inacabable tenía un extraño efecto sobre mí: veía cosas en mi interior que nunca antes había apreciado. Recuerdo que pensé que podría vivir así toda mi vida y ser feliz.

—¿Te gusta, chaval? —La voz de Patxi me devolvió a la realidad y disipó la tensión precedente.

—Mucho —susurré.

—Es su segunda vez —puntualizó Belém, volviéndose a mirarme con simpatía—, pero mejor que pienses que esta es la primera, Chinche, que olvides la anterior.

Como Patxi sonrió, me di cuenta de que estaba al corriente de nuestro percance, de cómo nos habían conocido.

—No voy a olvidarla en mi vida —repliqué, con una intensidad quizá un poco exagerada.

—Hay barcos y barcos —dijo Patxi, con la mirada perdida en algún punto de proa, vigilante—, el Meltemi es un barco bendito, un barco en el que cuanto sucede es humano. En él hemos navegado por todo el mundo, visto espectáculos increíbles: tormentas, avistado ballenas, nos han guiado delfines, nos ha llevado a las costas más hermosas, nos ha regalado amaneceres inolvidables y pesadillas infernales. Aquí Belém conoció una nueva vida. Aquí nació João. Hasta la enfermedad y la muerte de Chano a bordo fue una historia hermosa. Murió como él deseaba y consiguió en este barco la plenitud que siempre le había evitado en su juventud, cuando tenía lo que la gente considera necesario para ser feliz: éxito, dinero, libertad... Lastres imposibles de manejar. Hasta la felicidad es un lastre, un espejismo —continuó, ante la mirada indulgente de Belém, que me miraba a mí sonriendo y gesticulando, de espaldas a él, como si desenrollase un carrete inacabable, bromeando con la locuacidad de Patxi—. Basta que te sientas feliz una vez para hacerte un adicto, para no pensar más que en ti y buscar a costa de lo que sea un momento más, y otro, pasando por encima de quien sea. La felicidad es la más falsa de las emociones, te engaña, te persuade de que tienes que conseguir algo para volver a disfrutarla un solo instante y luego se esfuma y te señala en otra dirección para que corras allí; eso sí, conservando todo lo que tienes, sin renunciar a nada, como si lo que ha caído en tus manos fuera tuyo para siempre.

—¿Qué le dices, que no tiene que intentar ser feliz? —le interrumpió Belém, levantándose del banco y poniendo una mano a modo de visera sobre su rostro.

—Le aviso para que no se convierta en un adicto a la felicidad, le digo que busque la plenitud, no la felicidad, y para eso no debe evitar los retos: hay que ponerse a prueba. La plenitud está en el asombro, en el descubrimiento...

—¡Ha picado! —exclamó Belém, interrumpiendo con su grito el discurso filosófico de Patxi—. ¡João, sube a cubierta! ¡A ver si tenemos comida!

Belém tuvo que repetir la llamada y yo me acerqué desde babor para ver lo que Belém señalaba. El carrete soltaba sedal a toda velocidad, ella lo dejó correr para luego frenarlo; después, se dispuso a recoger. Vi emerger en la distancia una estela de espuma, estrecha, constante, paralela a la que dejaba el Meltemi, un rastro impecable, como una línea bien trazada, y la comparé con el rastro del Chipirón cuando mi madre me llamó la atención sobre él. Sentí que llevábamos un rumbo correcto, aunque desconociese el destino, y soñé que el mío estaba en el mar.

João salió a cubierta, detrás de él Inés, que siguió, al igual que yo, la lucha contra el pez, que finalmente cobraron y subieron a bordo aún coleando y resistiendo con furia. Vimos entonces que João sacó del bolsillo de su bañador una navaja y la clavó certero en sus agallas, al parecer para darle una muerte piadosa. Inés gritó, yo cerré los ojos y me estremecí. El pez era una corvina de dimensiones considerables que mereció la celebración de Patxi, Belém y Chinchorro. Inés y yo estábamos conmocionados. Mi hermana tenía lágrimas en los ojos, y gimoteó:

—¿Cómo has podido? ¿Cómo puedes ser tan bestia?

João la miró sin comprender. Belém se volvió hacia ella, su lloriqueo había colmado su paciencia.

—¿Cómo puedes decir eso? ¿No has comido pescado nunca? ¿Crees que el que llega a tu mesa de la tienda no ha pasado por esto o prefieres ignorarlo? —le dijo, despectivamente—. La ventaja aquí es que pescamos solo lo que necesitamos, ¿has pensado cuánto pescado que no se vende se acaba tirando inútilmente?

Inés pareció no acusar el tono recriminatorio con el que la madre de João la había atacado; le devolvió una mirada crítica, llena igualmente de censura, pero guardó silencio y, cuando sirvieron la corvina para comer, cogió uno de los bocadillos de mi madre y lo mordisqueó sin apetito. Pese a los esfuerzos de João por sacarla de su mutismo, pasó el resto del día mirando al horizonte, triste.

João acabó dándose por vencido y terminamos jugando a las cartas con Patxi, mientras Belém se hacía cargo del barco para la travesía de vuelta.

LA ÚLTIMA NOCHE

Cuando estábamos a punto de tocar tierra, Belém anunció a João que al día siguiente zarparían. Ya se habían demorado demasiado. A finales de agosto el tiempo era cambiante y, aprovechando la buena previsión, debían comenzar a navegar costeando la península para llegar al Mediterráneo antes de que comenzasen las lluvias y el paso de estación.

João no protestó, se quedó inmóvil, como si acabara de caerle una piedra del cielo, los hombros tensos, los labios apretados; pasó así un rato que me pareció larguísimo. Yo no me atrevía a pedir una demora más. Sabía que las había agotado todas.

Patxi, que había vuelto a ponerse al timón, miraba a João de reojo al tiempo que vigilaba el avance de la embarcación, con gesto preocupado.

De repente, João negó despacio con la cabeza.

—No, no vamos a irnos. Al menos aún no.

Mi hermana se removió en su asiento y le miró con los ojos brillantes, esperanzados; al momento bajó la mirada y pude ver que sonreía para sí.

Belém, en cambio, parecía una saeta dispuesta a clavarse en lo primero que se moviera.

—No admito discusión, João. Vamos a hacerlo como te he dicho y basta.

—No —volvió a repetir él—. No puedes no admitir no discutirlo. Tenemos que hablarlo y me tienes que escuchar, pero es mejor que lo hagamos a solas, o con Patxi, si crees que es mejor.

Belém se levantó y se dirigió a João.

—¿Quién es aquí el capitán? No voy a consentirte un motín ni un...

—¡No soy un marinero! —exclamó João, con una vehemencia que sobresaltó incluso a Patxi, pero que a Inés y a mí no nos llamó tanto la atención, porque era el tono que solíamos utilizar en nuestras discusiones con nuestra madre o entre nosotros—. ¡Soy tu hijo! ¡Y tú, mi madre! Somos el mismo equipo. Tú no debes arrastrarme cuando yo no me quiero ir. Podemos hablar para llegar a un acuerdo, no puedes obligarme a seguir siempre tus órdenes.

Belém adoptó una pose rígida, envarada.

—Está bien. Lo hablaremos luego tú y yo.

Se hizo un silencio incómodo a bordo. La sonrisa se había borrado del rostro de Inés. Yo sabía lo que significaba aquella conversación, pero estaba seguro de que ella no comprendía nada.

Escuchamos un mensaje por radio que llamaba al Albura. Belém dio un respingo y se metió en la cabina para responder. En cubierta reinaba un silencio que el mar no hacía más que amplificar con su rumor monótono.

—Entonces —intervine—, ¿hoy no vienes con nosotros a casa?

João no respondió, volvió la cara hacia otro lado y se la cubrió con la mano. Me di cuenta de que trataba de no llorar.

Patxi, como un autómata, seguía guiando el Meltemi hacia el amarre de cortesía, guardando silencio, atento a los gestos de João, a la voz de Belém que hablaba en inglés por radio.

El chinchorro se balanceaba en sus cadenas, que chirriaban suavemente. Yo me concentré en su movimiento.

El día, que había amanecido esperanzador, se cerraba con la amenaza de la marcha inminente de João. Belém salió de la cabina, silenciosa, con la bolsa que mi madre le había dado.

Me la entregó cuando echamos pie a tierra.

—Toma. Gracias, Chinche. Decidle adiós a vuestra madre. Me ha alegrado conocerla. ¡Quién sabe si el año que viene…!

Yo me arriesgué a interceder una vez más:

—¿No puede venir a dormir João a casa por última vez? Esta es la noche de los fuegos artificiales. Solo una noche más, Belém.

Belém negó con la cabeza.

—No, no va a poder ser. Tenemos que hablar y mañana zarparemos. Lo mejor es que se quede hoy aquí.

—Pero tiene algunas cosas en mi casa. Tendrá que recogerlas —insistí, a la desesperada.

—No importa. Es lastre —sentenció Belém—. Adiós, Inés —añadió con voz gélida y después, de nuevo se dirigió a mí—: Cuida de tu madre, Miguel. Nos volveremos a ver alguna vez.

Yo bajé la cabeza y la vi subir de nuevo al Meltemi, el barco bendito que llevaba toda su vida a bordo: su gran amor, que murió, su hijo, sus amistades, su deseo de no mantener ninguna atadura y no someterse a ninguna norma, y recordé las palabras de mi madre aquella misma mañana compadeciéndose de João.

Y me detuve a pensar y me di cuenta de que no sabía en verdad si quería que João se quedara o lo que más deseaba era embarcarme con ellos, como si fuese uno de los fugitivos que transportaban y que estaban aquejados de un mal de tierra mucho más grave que el del mareo sobre suelo firme.

Inés y yo emprendimos el regreso a casa, abatidos. Inés tenía los ojos llenos de lágrimas, se la veía desangelada, pero no me dio pena. Pensaba que, por su culpa, por el lastre que ella podía representar en el corazón de João, este se perdería los fuegos artificiales, las horas que podían quedarnos juntos.

—Es un monstruo —sollozó mi hermana—. ¿Tanta prisa tiene por regresar a su casa? ¿Qué más dan unos días más?

Entonces me di cuenta de que lo mejor era romper mi juramento solo con ella, que entendiese cuál era el verdadero problema y, de ese modo, dejaría de pensar en João como si fuese uno más de los chicos que conocía.

Le expliqué que no tenían que volver a casa, que su casa era el Meltemi, que João era un ignorante tanto en besos como en otras muchas cosas porque vivía a bordo del barco solo con su madre: no asistía a clases, no tenía compañeros de su edad. Ella era la primera chica a la que había besado y no tenía ni la menor idea de cómo podría conocer a otra. Que tenía razón, que fueron ellos quienes nos recogieron del mar y nos salvaron cuando Juanjo empujó a mi madre al agua y yo me tiré tras ella, que aquello había supuesto el fin de su relación con Juanjo, que fue el temporal el que los retuvo en el puerto, pero que todo era un secreto, que nadie podía enterarse porque podrían obligarles a vivir de un modo que Belém odiaba y que, además, yo no estaba tan seguro de que João fuese a encontrar la plenitud en tierra. Si lo pensaba bien, él era del mar, el mar en el que a ella no se le había perdido nada... hasta entonces.

Inés escuchó mi relato estremecida, yo veía que cada nuevo dato que añadía aumentaba su dolor, y, después de un primer momento de absoluta falta de comprensión, comenzó a despertar a la evidencia de mundos distintos del que nosotros vivíamos y creíamos el único posible, mundos de los que no sabíamos nada porque eran herméticos y porque nadie se atrevía a contar nada de ellos.

—No puede forzarle a vivir como ella quiere —concluyó mi hermana cuando terminé de contarle todo y llegábamos a la plaza, desbordada de gente: niños que corrían sin control entre los adultos, parejas que caminaban con un helado o churros en la mano, grupos que reían o baioteaban. Una orquesta tocaba un éxito del verano y algunos lo coreaban vociferando, alegres. Yo eché de menos el silencio del puerto, la paz del mar.

—¿Tú crees que podría amoldarse a vivir de otra manera? —le pregunté—. Encerrado en el instituto, obligado a arrastrar lastres a los que no está acostumbrado...

—Al menos debería poder elegir.

Yo sabía que mi hermana únicamente pensaba en ella, no en él.

—¿Qué es para ti elegir? ¿Que viva como tú quieres? ¿Y si tú pudieras elegir? ¿Renunciarías a tierra y vivirías en el mar? —le pregunté.

Ella guardó silencio. Me di cuenta de que tenía los ojos llenos de lágrimas.

—¿Vamos a casa, cenamos y bajamos a los fuegos? —le propuse, para animarla—. Seguro que tus amigos ya han quedado.

Mi hermana miró la plaza abarrotada, sumida en el misterioso caos de las fiestas, y asintió:

—Vamos a casa, sí. Luego decidimos qué hacer.

Sabíamos que mi madre no llegaría hasta después de los fuegos. La noche del día de la fiesta trabajaba hasta muy tarde y luego siempre se quedaba a mirar las explosiones de luz en el cielo, como si fueran estrellas fugaces.

Yo pensaba en la ausencia de mi madre mientras cenábamos los bocadillos que habían sobrado, sentados los dos en el sofá, y me decía a mí mismo que entendía a Belém, que podía estar con su hijo a todas horas, no como la nuestra. Y pensaba en nosotros, en la diferencia entre la plenitud y la felicidad de las que Patxi me había hablado. Tenía mucho que cambiar en mi vida.

—¿Me ayudarás con las láminas de plástica, Inés? —le pregunté mientras mirábamos distraídos una película que ya estaba bien avanzada y que en realidad no estábamos siguiendo.

A ella se le daba bien el dibujo.

—Sí, mañana te ayudo —accedió, con la mente puesta en otra cosa.

Su respuesta me sorprendió gratamente.

—¿Vamos a ver los fuegos? —le propuse.

Ella se quedó pensando.

—Pero al puerto. Quiero verlos reflejados sobre el agua.
—No podemos ir a buscar a Chinchorro —le advertí.
—Lo sé —dijo mi hermana—, pero a lo mejor le vemos en cubierta por última vez.

Volvimos a bajar al puerto sin cambiarnos de ropa ni habernos duchado. Cuando ya distinguíamos la gasolinera, en la que aún había luces encendidas, aunque estaba cerrada, vimos a João solo, que caminaba a toda prisa saliendo del puerto. Al reconocernos, echó a correr. Inés salió a su encuentro y se abrazaron.

Yo me di la vuelta y regresé a la plaza, dispuesto a buscar a mis amigos de siempre, consciente de que debía volver a aprender su lenguaje, porque yo había empezado a pronunciar palabras cuyo significado exacto ellos no podían entender.

FALSOS AMIGOS

Ya lo he dicho en varias ocasiones: João tenía acento portugués. Hablaba varias lenguas, pero, sobre todo, hablaba un idioma con el que ninguno de nosotros estaba familiarizado, el del mar.

Cada vez que nos comunicamos con alguien, se ponen en marcha mecanismos que dificultan el entendimiento; con João siempre se activaba el mismo, el problema de los «falsos amigos».

Este fenómeno consiste en que hablantes de distintos idiomas dicen palabras con la misma raíz o que suenan de forma muy semejante. Los dos hablantes están seguros de haberse entendido, pero lo que de verdad comprenden es algo completamente distinto.

Si un inglés, por ejemplo, dice *actually,* yo lo traduzco, por similitud, por familiaridad, como «actualmente», pero no es eso lo que me está diciendo, no se está refiriendo al ahora, como un tiempo distinto del antes y del después, lo que está diciendo es «realmente», «en verdad». Se refiere a lo concreto, no a un momento.

Ya he mencionado algún malentendido que surgió con João: su apunte al plan de Inés como «espantoso», y que ella se tomó a mal, cuando lo que estaba diciendo era que le parecía maravilloso; o cuando mi madre se ofendió al llamarnos Belém «chusma», que significa «tripulación». Pero el peor de todos los malentendidos tuvo lugar en el momento en el que João estaba a punto de saltar al chinchorro para regresar al Meltemi y a su vida en él.

Pasé en vela la última noche, Inés no regresó a casa. Por mi imaginación desfilaban todos los escenarios, a cuál más disparatado: se habían fugado juntos, habían optado por morir envenenados, como Romeo y Julieta, Inés se escapaba con João en el Meltemi… Por fin, antes de que amaneciera, me levanté sin que mi madre me oyera y bajé al puerto con el corazón en un puño. Si temía no encontrar a Chinchorro, más aún temía no dar con mi hermana. Al pasar la gasolinera, los vi en el muelle. El Meltemi estaba en la bocana del puerto. ¿Se quedaba João con nosotros?

Fui a correr hacia ellos, pero me detuve y los observé.

Inés temblaba como una hoja. João se volvió hacia el horizonte e Inés le tocó el brazo, él se giró y los dos se miraron con tanta intensidad que a mí empezó a dolerme el corazón.

Me di cuenta de que el chinchorro del Meltemi estaba amarrado al pantalán. João se marchaba. Inés trataba de retenerle.

No reconocía a mi hermana. Me parecía que moriría si João llegaba a saltar a esa barca y que él tampoco podría vivir ya sin ella.

Se abrazaron hasta quedarse sin aliento y él le tomó la cara entre las manos. Me acerqué lentamente hacia ellos y escuché a Inés susurrar:

—¿Volveremos a vernos?

Él la estrechó, de nuevo, entre sus brazos con fuerza y le acarició el pelo. Después, enterró en él su nariz para olerlo, como si quisiera retener el tacto, el olor, el calor de ella para siempre.

Inés insistió:

—Júrame que volveremos a vernos.

Y entonces, él la miró, ya despidiéndose, y pronunció un «seguro».

Los dos habían advertido mi presencia, aunque me ignoraban. João se separó con esfuerzo de Inés, me miró y me tocó el hombro, con pesar:

—Adiós, Chinche.

Traté de sonreír.

—Hasta la vuelta, Chinchorro.

Inés dio un paso en su dirección, pero él no se inmutó.

Saltó a la barca, puso en marcha el motor, soltó la amarra e Inés llegó a retener el extremo del cabo; él tiró de la parte contraria, hasta que ella ya no pudo sostenerlo. João se fue alejando del pantalán con la vista fija en el Meltemi, que continuaba fondeado en la lejanía, sin volverse a mirar atrás ni un instante.

Tardé mucho tiempo en enterarme de lo que había sucedido a lo largo de aquella noche.

João habló con Belém y Patxi, planteó a su madre trasladarse a tierra firme una temporada, para vivir lo que cualquier chico de nuestra edad vivía. Belém se opuso con firmeza. Patxi sugirió que João la acompañara a un fondeadero de invierno y luego viajara por tierra y se quedara a vivir con él unos meses, durante ese tiempo podrían arreglar los papeles y la documentación de João y, pasado un curso, se reunirían para hablar sobre los planes de futuro. Aquel proyecto respetaba los deseos de Belém de no integrarse en un sistema que detestaba y esta acabó dejándolo a elección de João.

Él desembarcó y se dirigió a la entrada del puerto cuando vio que los fuegos artificiales iban a dar comienzo. Fue cuando nos encontró. En realidad, lo que se proponía era salir en busca de Inés.

Pasaron la noche juntos, despiertos, hablando, tumbados en la playa, abrazados bajo las estrellas. Poco antes de amanecer bajaron al puerto y vieron el chinchorro amarrado y el Meltemi, listo para zarpar, en la lejanía.

João se sinceró con Inés. No creía poder acostumbrarse a vivir en tierra, ni siquiera en un lugar con puerto. Nuestra vida le parecía una aventura divertida, pero insostenible. Además, moriría de inquietud por Belém, él sabía lo que eran los días malos de mar y, aunque no dudaba de que a ella le sobrasen apoyos, la solución no era viable. No podía dejarla sola. Inés le suplicó: solo unos meses. Mi hermana me dijo que casi había podido oír cómo el mar le reclamaba agitando la embarcación.

Inés esperó dos años. Algunas veces recibía paquetes que contenían un regalo: una caracola descomunal y, una vez, un disco de Chano, el padre de João. Era el disco en el que estaba grabada la canción que se había convertido en su canción: *Nunca supe cómo decir adiós*.

Cada uno de los veranos que siguieron a conocerse, Inés bajó al puerto día tras día, acudió a la playa, paseó oteando el horizonte por el acantilado esperando ver aparecer el barco, suplicó a Elisa que la pusiera en contacto con João, pero este no dio más señales de vida que las caracolas que llegaban a la gasolinera.

Apenas cumplió dieciocho años, nos anunció que se marchaba a Baleares a vivir. Mi madre se opuso. Inés no podía acceder a carreras que exigían una nota alta, pero había mejorado notablemente en los estudios y tenía alternativas razonables para elegir su futuro. Desoyó todos los argumentos de mi madre.

Se marchó a Mallorca. Trabajó como camarera al principio, luego no paró hasta conseguir ser marinera en el puerto de Cala Ratjada. Un marinero de puerto presta ayuda a las embarcaciones para amarrar, las remolca cuando es necesario, asiste a quienes están a bordo de un barco, pero no viaja. Inés vivía con la esperanza de que el Meltemi atracase en el puerto un otoño, un invierno, la primavera de camino al Atlántico. Rastreó con todos los medios a su alcance los posibles rumbos del barco, pero era como si se lo hubiera tragado la mar. Nadie le daba razón de su paradero.

Contactó con la red invisible de barcos que surcan las aguas huyendo de la vida en tierra. Les dio apoyo, les pidió ayuda. Se convirtió en una Elisa en el Mediterráneo. Ella pasó a formar parte de los contactos de los fuera del sistema. Los recibía a horas intempestivas en el puerto, dejaba que endulzaran la embarcación, que repostaran. Les facilitaba cómo abastecerse, incluso les proporcionaba medicamentos o les concertaba pequeños trabajos.

Por entonces, yo ya había averiguado que aquel «seguro» que ella interpretó como una certeza, como una garantía de que volverían a estar juntos, un juramento, no significaba sino un deseo, una posibilidad que ojalá llegase a cumplirse.

Pasaron varios años más. Inés no olvidó nunca a João; de hecho, las dos relaciones que comenzó terminaron en nada. Mi madre suspiraba. Me decía que después de haber conocido la pureza de corazón de Chinchorro, mi hermana sería incapaz de amar a nadie más.

Yo encaraba la recta final de mis estudios. Quería especializarme en biología marina, cuando Inés me llamó. No podía hablar, estaba con un pie en el abismo y me pedía ayuda. Viajé de inmediato a Mallorca para reunirme con ella. La encontré en un apartamento mínimo, revuelto, al borde del naufragio, un apartamento en el que se alineaban una veintena de caracolas de todos los tamaños y colores. Allí me contó que por fin había sabido del Meltemi.

Lo habían encontrado abandonado junto a las costas de Naxos, arrastrado por el viento que le dio su nombre hasta la costa donde encalló. No había nadie a bordo.

«No hay más "seguro"», le dije. Todo había terminado.

Ella no lo creía así. Se aferraba a una esperanza mínima. En el barco habían hallado las cosas de Belém, pero nada hacía suponer que João siguiera compartiendo con ella su vida errante y, además, en el barco no estaban ni el chinchorro ni la balsa salvavidas.

«¿Quién te lo ha dicho?», recuerdo que le pregunté. Me dio indicaciones muy precisas, nombres de barcos en clave, fechas, ella se había puesto en contacto con Patxi para corroborarlo. Él había confirmado sus peores temores, pero la tranquilizó, le dijo que, a veces, lo que ha sucedido es algo muy distinto. Que en el mar nunca se sabe. Que él no paraba de confiar. Que si llegaba a saber algo, la llamaría.

Se sucedieron años de silencio. El contacto con Patxi se reducía a llamadas esporádicas. No se produjo el milagro que esperaba.

Cuando terminé mis estudios, me enrolé en cuantas misiones pude, siempre y cuando se llevaran a cabo en una embarcación. Los proyectos de investigación no se desarrollan en barcos de poca monta, solíamos ser una tripulación numerosa. Renuncié a la intimidad, que es la renuncia más dolorosa cuando tu vida transcurre en el mar. A cambio, mi mundo interior se hizo inmenso. Todos mis compañeros de misión daban por hecho que mi vocación marina se desprendía naturalmente de mi origen, mi pueblo, Carena, un lugar de resonancias marineras, una costa plagada de leyendas y naufragios. A veces explicaba que no era esa la razón, que a mí me salvó la vida un hijo del mar. Les hablaba de João, pero le llamaba únicamente Chinchorro y nunca mencionaba el nombre del Meltemi. Seguí manteniendo el juramento que le hice a Elisa.

Hace unas dos semanas, la misión del Sealife, el proyecto en el que actualmente trabajo, recaló en Mallorca y de inmediato llamé a Inés. Fui a verla a su casa, junto al puerto, una nueva casa más confortable en la que me invitó a pasar unos días. No había trazas de naufragio, como la vez que acudí a su llamada. Pero algo me sorprendió. Las caracolas, que llegué a comparar con palomas mensajeras marinas entre Inés y João, ocupaban un largo estante corrido en el salón. Las conté. Había dos más que en la última ocasión que la vi.

No pude evitar preguntarle por ellas. Me explicó que le habían llegado por el conducto habitual. Elisa se las había entregado a mi madre y esta se las envió. No podía saber si eran caracolas que habían hecho un viaje muy largo en el tiempo, si habían sido enviadas antes de que el Meltemi encallase y fueron cambiando de barco y trayectoria retrasando su llegada, pero, no sabía por qué, tenía la certeza de que eran recientes. Seguía adelante, me dijo, aún tenía esperanzas.

Eludí en nuestras conversaciones mencionar el Meltemi o a João, pero él seguía estando entre nosotros.

La noche del segundo día de mi estancia nos conectamos a un canal a través del ordenador en el que retransmiten las regatas más importantes del mundo. Inés me contó que solía bajar al bar del puerto a verlas en compañía, pero que prefería quedarse conmigo aquella noche. Los dos nos habíamos aficionado a las regatas desde el verano de João.

Nuestro barco preferido, el que tenía más miembros de su tripulación de nuestra nacionalidad, pisaba los talones al primero, cuya tripulación era mayoritariamente holandesa. Las previsiones eran escalofriantes en el cabo de las Agujas, que alcanzarían aquella misma noche, el lugar en el que se encuentran los océanos Atlántico e Índico, aunque todo el mundo piensa erróneamente que el punto de encuentro es el cabo de Buena Esperanza.

Dejamos el ordenador sobre la mesa baja y nos acurrucamos en el sofá, arropados con una manta, como acostumbrábamos a hacer en nuestra casa en Carena, dispuestos a seguir la etapa, una de las más emocionantes.

Cualquier persona familiarizada con el mar sabe que doblar un cabo es un momento crítico. No hay ninguna regla, salvo el obligado respeto al cabo; en el instante del paso puedes enfrentarte a cualquier imprevisto: cambio de corrientes, cambio de vientos. El cabo de las Agujas es, tras el cabo de Hornos, el más peligroso, pese a que la etapa iba a realizarse en la época más benigna: el comienzo del verano en el hemisferio sur, entre los meses de noviembre y diciembre.

Tras un resumen de las jornadas precedentes, se ofrecían entrevistas que habían hecho en los puertos intermedios a los tripulantes de cada uno de los equipos.

La cámara enfocaba a un entrevistador que había abordado a uno de los marineros del Marine Race, el primer clasificado, el holandés: «Tenemos con nosotros al *trimmer* del génova, Jan van Belleghem. Dime, Jan: ¿volveréis a sorprender con vuestra estrategia a la hora de definir el rumbo?».

Un rostro moreno, de nariz recta y una sonrisa amplia de dientes muy blancos, nos hizo saltar a Inés y a mí de nuestro asiento: «Seguro», respondió la voz con su sonido de marimba.

—¡Es João! ¡João! —gimió primero y casi gritó después Inés.

—Chinchorro —dije yo con una sonrisa, sin terminarme de decidir a dejar paso a la nostalgia o indignarme a la vista de su prolongado silencio, de su indiferencia hacia nosotros, sobre todo, de su indiferencia para con Inés.

Se había cambiado el nombre. Lo había traducido. En el mar los nombres, como las banderas, no significan nada.

No podía apartar los ojos de la pantalla.

Nos había cambiado la vida. En mi caso, no solo se la debía, literalmente, por haberme salvado el día que nos conocimos, sino que le debía haber llegado donde estaba, haber alcanzado unos valores que nunca hubiera adquirido de no haberle conocido a él.

CHINCHORRO

Inés, temblando, comenzó a teclear en su móvil, mirando alternativamente a la pantalla del ordenador, por si volvía a aparecer su rostro o más información, buscando el puerto donde embarcarían en la siguiente etapa.

Sus ojos se habían iluminado, sus facciones, en cambio, estaban ligeramente crispadas, como si no pudiera contener la impaciencia.

—¡Melbourne! —exclamó, desalentada.

—¿Estás pensando en viajar al próximo puerto para encontrarte con él? —le pregunté, intuyendo el rumbo de sus intenciones.

Ella me miró con una expresión insondable, como si sopesara todas las posibilidades.

—¿No puedes aguantar a su llegada a La Haya, al menos? —le dije, riendo—. ¿Llevas esperando este momento doce años y no puedes esperar unos meses más?

Ella bajó los ojos y se quedó mirando sus manos. Por su rostro pasaban los estados de ánimo como una sucesión de luces y sombras. Se humedeció los labios antes de responderme:

—No, no puedo esperar. No me presentaré ante él antes de que la regata termine, pero quiero verle, saber qué vida lleva, si es oportuno que le espere a la llegada o ya no tiene sentido alguno. Seguramente me ha olvidado y hay otra persona en su vida. Necesito saber por qué abandonó el Meltemi antes de que encallara, porque ya sé lo que sucedió.

Aguardé en silencio a que continuara.

—¿Sabes a qué se dedicaban los últimos años?

Nunca hubiera sospechado que Inés siguiera su rastro tan de cerca, que en su corazón, que continuaba girando alrededor de sí mismo como una peonza, todavía quedase lugar para la inquietud por lo que no atañía a João. Pronto me di cuenta de que su vehemencia sugería un cuadro muy distinto al que yo había estado imaginando.

—No, Inés —negué con aplomo—, no tengo ni la menor idea. ¿Traslado de viajeros solitarios?

—Traslado de refugiados. Desde la costa de Siria a las costas griegas. Tiene sentido que el Meltemi encallara, ya era un barco «quemado». No me imagino a Belém abandonando el Meltemi, en el que vivió su gran amor, en el que nació João, en el que pasó toda su vida, si no hubiera tenido una buena razón. Lo que no sé es dónde está Belém.

El suelo se hundió bajo mis pies.

—¿Has pensado que se pudo ahogar, Inés? ¿Que su cadáver no haya emergido nunca, devorado por los peces?

—¿Belém ahogada? Belém escapó. Encalló ella misma el Meltemi. Las mafias que se aprovechaban de la situación límite en Siria para trasladar a quienes podían permitirse pagarles se la tenían jurada. A ella y a otros tantos como ella que se apresuraron a socorrerlos sin pedir nada a cambio. La acorralaron cuando estaba a punto de desembarcar a un grupo de inmigrantes. ¡Belém ahogada! —rio sin ganas—. ¿Estamos hablando de la misma persona? ¿Imaginas a nuestra madre ahogada, por ejemplo? Están hechas de la misma pasta. Son indestructibles —dijo con una contundencia que removió algo en mi interior.

No le rebatí que yo sí imaginé a nuestra madre ahogada, justo el día que conocí a João. Que a veces basta no tener un chinchorro a mano, un salvavidas para que el mar, o la vida, que es lo mismo, te engulla para siempre sin dejar rastro. Nadie está a salvo. Los humanos no somos anfibios, no tenemos la capacidad de respirar bajo el agua ni la certeza de que siempre haremos pie. Incluso sobre tierra firme el horizonte puede oscilar, existe el mal de tierra que nos lleva a perdernos para que nadie nos encuentre, como sucedió con nuestro padre.

Inés, tal y como habían demostrado los años, es de esas personas que no conciben avanzar sin su lastre. Solo eso podía explicar su devoción a João, su imposibilidad para el olvido que había llegado a convertirla en una estatua de sal, mirando siempre hacia atrás, a la espera de que el pasado avanzase hasta alcanzarla.

Recordé el episodio que João nos relató sobre el hombre condenado a ahogarse por remolcar el chinchorro que había inutilizado cargándolo con todo cuanto había pertenecido a su mujer, por salvar su memoria, y el estallido de emoción de Inés por aquel hombre al que un amor pasado llevaba al hundimiento. Como él, Inés hablaba con el chinchorro lleno de recuerdos y sueños que la lastraba.

Dejamos conectado el ordenador para estar al corriente del paso por el cabo de la Agujas, que retransmitirían con cámaras en directo colocadas en las embarcaciones. Yo sé que ella esperaba que João volviese a aparecer en la pantalla. Nos preparamos una *pizza* y aguardamos hablando, ella del pasado, yo del futuro.

Era noche cerrada, yo dormitaba en el sofá cuando una exclamación de Inés me despertó. Habían conectado al fin con las embarcaciones. Las imágenes se transmitían vía satélite.

Todos los miembros de la tripulación parecían la misma persona, era imposible diferenciarlos. En el equipo de João solo se reconocía claramente al tripulante de más edad y a una chica con el pelo rubio recogido en la nuca. La cámara no estaba fija, se movía por la cubierta, como si alguien la llevara prendida a su anorak. En algunos instantes, las imágenes mostraban el interior del barco, un recinto espartano, vacío, sin ninguna comodidad, con literas, los medios mínimos para consumir una comida envasada deshidratada o una bebida. Todo estaba concebido para la más estricta supervivencia, para minimizar el lastre de la embarcación.

Desde luego, podía imaginar perfectamente a João viviendo así, sin lastre, con solo lo esencial.

La tripulante femenina de la embarcación tenía unos hombros poderosos, una fuerza descomunal. La cámara se detuvo mucho tiempo en ella trabajando sobre un winche para trimar las velas.

El estado de la mar era un infierno, mar arbolada pese a la fecha y las condiciones que se podían esperar de la estación: se elevaban de su superficie masas de agua que semejaban formas de pesadilla, bosques de ahogados.

Entre las imágenes de las dos embarcaciones en cabeza se intercalaban simulaciones por ordenador que iban trazando los distintos rumbos y la distancia entre ambas.

Y de una simulación, la imagen saltó a una grisura intensa y, en ella, un torrente de burbujas ascendía, a medida que la luz se atenuaba hasta el negro. Una enorme columna de agua se elevaba sobre la cámara.

Los dos sabíamos lo que eso significaba. Uno de los tripulantes, uno que llevaba una cámara, había caído al agua, en condiciones que iban a hacer su rescate casi imposible. La velocidad que había marcado el simulador minutos antes sobrepasaba los treinta nudos.

La imagen saltó a la segunda embarcación. Allí la actividad continuaba imparable. Nos dimos cuenta del cambio por la ropa de trabajo de la tripulación.

Nos quedamos expectantes, en silencio. Era un silencio ansioso, incrédulo. Yo no me atrevía a hablar, pero me atenazaba el mismo miedo que a Inés, que boqueaba sin proferir ni un sonido.

Me precipité hacia ella para tranquilizarla, sobreponiéndome a mi propio estupor, al vacío en mi estómago, al pánico, y la tomé de los hombros obligándola a mirarme.

—¡Calma! No sabes nada, no sabes qué ha pasado. ¡Calma, Inés!

Ella empezó a emitir balbuceos ininteligibles. Tenía los ojos secos, fuera de sus órbitas, vidriosos, y los labios pálidos. Señaló la pantalla temblando.

La imagen saltó al interior de un estudio. El equipo de logística de la primera embarcación intentaba establecer contacto con esta para verificar lo que había sucedido. En la pantalla de logística volvían a proyectarse espirales de burbujas, blancas sobre gris, que luego apenas eran visibles sobre el negro de la oscuridad gradual. Y al poco, solo se apreciaba un tenue borde blanco de glóbulos que se espaciaban. No entendía qué decía el locutor en inglés, intentando sobreponerse a la agitación que reinaba por doquier.

Traté de tranquilizarme, me concentré, tapando a Inés la boca con la mano.

Comencé a comprender.

Confirmaba que un miembro de la tripulación del Marine Race había caído al agua y que en esos momentos la embarcación daba la vuelta. Aseguraba que los equipos que proporcionaban a los tripulantes iban provistos de un dispositivo que lanzaba a la superficie un chivato para facilitar su localización, tanto visual como por medio de frecuencias de radio. Aseguraba que de Ciudad del Cabo salía en esos instantes un helicóptero que podía ser de utilidad a la hora de rastrear los alrededores y localizar al náufrago.

La retransmisión se cortó. En su lugar aparecieron imágenes de regatas anteriores.

—No puede ser él, no puede ser. —Inés repetía esas palabras como un mantra, inexpresiva, la mirada vacía—. ¿Verdad que no puede ser, Chinche? No puede pasar esto, ahora que sé dónde puedo encontrarlo, ahora que sabemos algo de su vida. El silencio de todo este tiempo está justificado. Que no hubiera nada suyo en el Meltemi, que nadie me diera noticias de él. Seis meses de entrenamiento intensivo al año para poder tomar parte en regatas de primer nivel, ¿no te parece que todo tiene ahora un sentido?

Yo pensé en nuestro padre, en los viajeros solitarios que transportó el Meltemi, en el mal de tierra, en la huida, y sí le veía un sentido, pero no el que Inés quería que yo viera, sino otro que sugería una dirección distinta.

No sabía cuánto tiempo iba a transcurrir hasta que tuviéramos noticias de lo que sucedía en la regata. Preparé una infusión a Inés y la obligué a tomar un tranquilizante. No se durmió, pero se quedó amodorrada. Aproveché para llamar a mi madre. Le pedí que cogiera el primer vuelo.

—¿Qué pasa, Miguel? —me preguntó sobresaltada al advertir una gravedad inusual en mi tono de voz.

Le expliqué lo sucedido en las últimas horas.

Me prometió que haría lo posible por tomar el primer vuelo. Aunque no fuera a suceder nada, porque no podía ser que lo que yo temía fuera cierto. La voz se le quebró antes de cortar la comunicación.

Y ahora, si he llegado hasta esta página es porque mi juramento de silencio se ha extinguido.

Era João quien cayó al mar. João el ahogado. Su rescate fue imposible.

Se desplegaron todos los medios técnicos y humanos, pero no hubo forma de dar con él. Su cuerpo no ha aparecido y se ha perdido la esperanza de recuperarlo.

Belém contactó hace tres días con mi hermana. Le llegó un mensaje por mediación de uno de los miembros de la red invisible de la que ella forma parte ahora.

Hablaron por radio. Inés me dijo que había tenido la sensación de que quien le hablaba era un fantasma. Yo le respondí que eso es lo que era. Un fantasma es una voz que viene del pasado, un vínculo con lo ya vivido, no con lo que está por vivir.

Me pidió que acudiera yo también al encuentro. Mi madre no se había movido de su lado desde la desaparición de João.

Belém llegó a bordo de un barco mal mantenido que se dirigió directamente a un amarre de cortesía. La vi a lo lejos y la reconocí al instante. A medida que me acercaba aprecié los estragos del tiempo en su aspecto. Calculé su edad, debía de haber cumplido los cincuenta años: su pelo estaba salpicado de algunas canas. Lo más notable de su cambio era una delgadez extrema, ojeras profundas y arrugas en torno a los ojos y los labios, una fina red, como una urdimbre de amarguras.

—¿Chinche? —me preguntó, cuando llegaba a su altura.

Asentí y me abrazó con ternura. Un abrazo triste que no consiguió acortar la distancia de los años que nos separaban.

Caminamos hacia casa de mi hermana y ella no me soltó del brazo. Me pidió que le contara de mi vida. Yo lo fui haciendo y la emoción en sus ojos era patente.

—¿Quién hubiera dicho el día que nos conocimos que el mar acabaría siendo lo más importante en tu vida?

Yo asentí.

—Nos cambiasteis la vida, Belém —afirmé, tratando de no ser trascendente, de aligerar las palabras que corrían el riesgo de pesar demasiado, de impedirnos respirar.

—También vosotros cambiasteis las nuestras —afirmó ella, clavando sus ojos en el vacío y llevando una mano a su voluminoso bolso.

Subimos a casa de mi hermana. Abrió la puerta mi madre y Belém y ella se arrojaron la una en brazos de la otra y, al separarse, se estrecharon las manos con lágrimas en los ojos.

—¡Ay, Dios! —exclamó Belém—. Esto era justo lo que no quería que pasase, pero es inevitable, ¿verdad?

Mi madre asintió y Belém levantó la mirada para encontrarse con la de mi hermana que las contemplaba a distancia.

Soltó con pesar las manos de mi madre y se acercó a ella.

—Inés, tú no me abrazarás, ¿verdad? No fui generosa contigo, no tenemos muchos vínculos, salvo el recuerdo de João...

Inés se inclinó y besó a Belém en una mejilla, inexpresiva, rígida.

—¿No quieres sentarte? —la invitó mi hermana.

Belém se dirigió al sofá, tomó asiento y puso el bolso sobre sus piernas.

—¿Qué quieres tomar? —preguntó mi madre.

Belém negó con la cabeza.

—No tengo mucho tiempo. Me esperan. No quieren detenerse mucho.

—¿Quién te espera? —preguntó Inés.

Belém fingió que no había oído la pregunta, rebuscó en su bolso y sacó dos libretas voluminosas, un fajo de papeles sueltos y dos discos. Se los tendió a mi hermana.

—Es tuyo, Inés. João te escribió casi todos los días o se inspiraba en ti para escribir. Y en estos discos están las canciones que compuso para ti. Desconozco si hay más. Yo solo traigo lo que saqué del Meltemi antes de encallarlo, posiblemente entre sus cosas haya más cartas, más cuadernos, pero no he ido a recogerlas ni lo haré. ¿Podrías hacerlo tú por mí?

Inés tocó con cuidado el material que Belém había puesto en su regazo. Asintió sin levantar los ojos.

—Los papeles sueltos los he ido recuperando. Faltan muchos. João se los entregaba a quienes pensaba que te los podían hacer llegar, pero fui yo quien lo impidió. —Belém se miró las manos, reflexionando, carraspeó y levantó los ojos hacia mi hermana, que lloraba en silencio—. Al principio, lo vuestro era imposible —continuó, como si hablase para sí misma—. João no estaba preparado para vivir en tierra. Lo intentó. —La voz se le quebró tras un silencio—. Tras conoceros. Unos meses después. Patxi se lo llevó consigo, pero a las pocas semanas João estaba de vuelta en el Meltemi. Se dio cuenta de que no podía vivir en tierra firme y también de que nunca podría pedirte que tú vivieras como nosotros. Y cuando, contra todo pronóstico, pudiste y quisiste hacerlo... No sé, tal vez fue un error por mi parte. Nunca llegó a saber dónde le esperabas. Yo evité este puerto. Pero, entiéndelo: no fui yo, Inés, fue el mar.

Desde el interior del salón en silencio, se oían romper las olas en la playa cercana. Permanecimos mudos unos instantes. Belém se levantó del sofá.

—Me pondré en contacto contigo para decirte dónde y cómo podrás recuperar sus cosas. Lo que recojas será para ti. Si encuentras algo destinado a mí, ¿me lo harás saber?

Inés asintió con la cabeza baja, limpiándose las lágrimas con la manga de la camiseta.

Belém se dirigió a mi madre, que había escuchado la conversación con una expresión indescifrable, y ella, cuando Belém extendió los brazos, no pudo contenerse.

—¿Nos volveremos a ver?

Belém la miró con lágrimas en los ojos.

—¡Seguro!

Abrazó a mi madre y por encima de sus hombros me miró a mí y sus labios volvieron a repetir sin articular las palabras: «Seguro, seguro».

Y yo evoqué la imagen del chinchorro balanceándose, sujeto a sus cadenas en la cubierta del Meltemi y las manos de João y Belém asegurándolo.

agradecimientos

Gracias a Alfredo Gómez Cerdá, con quien he compartido desde el principio mi travesía por la literatura, por su generosidad y su amistad y porque cuando desfallezco, siempre está a mi lado.

A Ricardo Gómez por la compañía en momentos de duda.

A David Fernández Sifres por su optimismo contagioso.

Gracias al resto de «aurorianos»: Ana Alcolea, Jesús Díez de Palma, Jorge Gómez Soto, Daniel Hernández Chambers, Rosa Huertas, Gonzalo Moure y Mónica Rodríguez y Jorge Gómez (bis), vecinos de un territorio imaginario en el que siempre es motivo de celebración encontrarnos.

Gracias al jurado del premio Alandar, al equipo de Edelvives y a Juan Nieto. Esta travesía no hubiera sido posible sin ellos.

Gracias a Rodrigo Domínguez, que ha puesto música al tema *Nunca supe cómo decir adiós*. Gracias a todos los habituales del puerto Tomás Maestre y a los que hacen más llevaderas mis largas estancias: a Isabel y Jose, a Gaspar y Aston, a Alina, a Pepa y Rafa, a la familia del Falúa, mi sitio favorito para ver regatas en compañía y fuente inacabable de historias del mar; a Antonio por su afecto noble y sin reservas y por enseñarme a cebar; a Carlos y Conchi. Todos ellos amigos entrañables a quienes el mar me ha unido.

ÍNDICE

João	7
Derrota	13
Meltemi	19
Sigue nadando	33
A la deriva	43
Una red invisible	55
Resaca	65
Mal de tierra	77
Agua dulce	87
Triangulaciones	95
Arrumbe	101
Lastre	115

Soy un cobarde	123
Nombres y héroes	129
Rizar velas	137
Juramentos	143
Patxi	153
La última noche	159
Falsos amigos	167
Chinchorro	177